ENGLISH G

access

1

VOKABELTASCHENBUCH

W0412173

Vokabel Trainer

Cornelsen

Vokabeltrainer-App

Verfügbar für: iOS, Android und Windows Phone

Cornelsen

Das **Vokabeltaschenbuch** ist ideal zum Lernen und Wiederholen unterwegs. Es enthält die Wörter und Wendungen aus ***English G • Access 1***, die du lernen musst. Außerdem findest du

- eine Übersicht über die **Lautschriftzeichen** und das englische **Alphabet** auf S. 6
- eine Übersicht über die **englischen Zahlen** auf S. 80–81
- eine Liste der **unregelmäßigen Verben** auf S. 82–84
- eine Liste der häufig verwendeten **Arbeitsanweisungen** auf S. 85–87.

Wenn du einen **TING-Stift** hast, dann kannst du dir auch die Aussprache der Wörter anhören und auf diese Weise überprüfen, ob deine Aussprache stimmt. **Dazu berührst du *den Anfang des Wortes* mit der Spitze des TING-Stiftes.** Den TING-Stift können deine Eltern im Internet unter www.ting.eu oder in einer Buchhandlung kaufen.

So einfach funktioniert TING. Der Hörstift.

Zum Einschalten drückst du zwei Sekunden lang diesen Knopf. Wenn es geklappt hat, hörst du zwei aufsteigende Töne.

Nun tippst du zum Aktivieren von TING mit der Spitze auf die rechts nebenstehende Abbildung. Wenn dieser TING-Titel bereits auf deinem Stift geladen ist, hörst du vier aufsteigende Töne.
Das machst du bei jedem anderen TING-Titel genauso.

Los geht's! Jetzt kannst du auf Bilder oder Wörter tippen und sofort Geräusche, Sprache oder Musik in bester Qualität hören.

Mehr Informationen unter www.ting.eu

TING.
Der Hörstift.
Bringt Leben
in Bücher!

Aktiviere deinen
TING hier!

Spielen,
Lernen,
Wissen

Hier siehst du, wie das **Vocabulary** aufgebaut ist:

Diese Zahl gibt die **Seite** an, auf der die Wörter zum ersten Mal vorkommen.
p. 16 = Seite 16

Die **Lautschrift** zeigt dir, wie ein Wort ausgesprochen wird.
Eine Übersicht über alle **Lautschriftzeichen** findest du auf S. 6.

Eingerückte Wörter lernst du am besten zusammen mit dem vorausgehenden Wort, weil die beiden zusammengehören.

p. 16	**board** [bɔːd]	Tafel
	chair [tʃeə]	Stuhl
	clock [klɒk]	(Wand-, Stand-, Turm-)Uhr
	watch [wɒtʃ]	Armba[illegible]uhr
	door [dɔː]	T[illegible]
	window ['wɪndəʊ]	

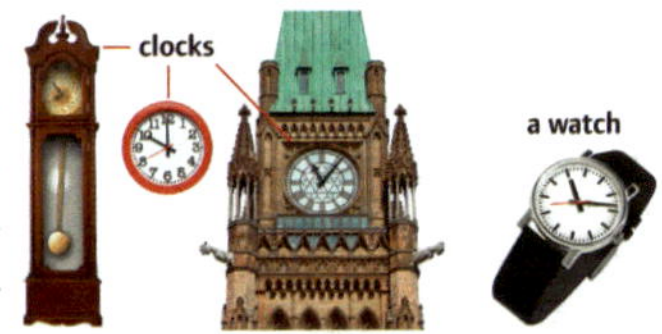

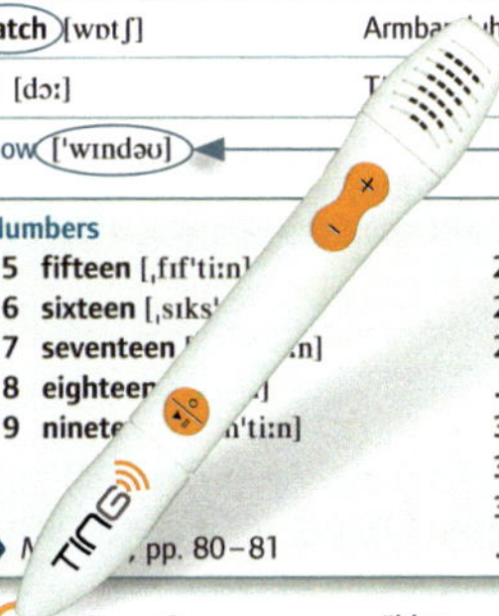

p. 17

Numbers

15 fifteen [ˌfɪf'tiːn]	**20 twenty** ['twenti]	**40 forty** ['fɔːti]
16 sixteen [ˌsɪks'[illegible]	**21 twenty-one** [ˌtwenti'wʌn]	**50 fifty** ['fɪfti]
17 seventeen [illegible]n]	**22 twenty-two** [ˌtwenti'tuː]	**60 sixty** ['sɪksti]
18 eighteen [illegible]]	…	**70 seventy** ['sevnti]
19 ninete[illegible]n'tiːn]	**30 thirty** ['θɜːti]	**80 eighty** ['eɪti]
	31 thirty-one [ˌθɜːti'wʌn]	**90 ninety** ['naɪnti]
	32 thirty-two [ˌθɜːti'tuː]	**100 a hundred / one hundred** [ə'hʌndrəd], [ˌwʌn'hʌndrəd]
➜ [illegible], pp. 80–81	…	

	(to) **count** [kaʊnt]	zählen	
p. 18	**new** [njuː]	neu	new ◄► old
	uniform ['juːnɪfɔːm]	(Schul-)Uniform	
	nice [naɪs]	nett, schön	

Wenn du mit dem TING-Stift den **Anfang des Wortes** berührst, hörst du, wie es ausgesprochen wird.

Dies ist das „Gegenteil"-Zeichen: „**new** ist das Gegenteil von **old**".

31 **thirty-one** [ˌθɜːti'wʌn]	90 **ninety** ['naɪnti]	
32 **thirty-two** [ˌθɜːti'tuː]	100 **a hundred / one h**…	
…	[ə'hʌndrəd], [ˌwʌ…	

➜ *Numbers*, pp. 80–81

	(to) **count** [kaʊnt]	zählen	
p. 18	**new** [njuː]	neu	**new** ◄► **old**
	uniform ['juːnɪfɔːm]	(Schul-)Uniform	
	nice [naɪs]	nett, schön	
	too [tuː]	auch	! Jack is from Berlin. – I'm from Berlin **too**. – Ich bin **auch** aus Berlin.
p. 19	**profile** ['prəʊfaɪl]	Profil; Beschreibung, Porträt	! Betonung: **profile** ['prəʊfaɪl]
	library ['laɪbrəri]	Bibliothek, Bücherei	
	home [həʊm]	Heim, Zuhause	

home

Maya is **at home**.	daheim, zu Hause
Let's **go home**.	nach Hause gehen
Sam, **come home**.	nach Hause kommen

Das **rote Ausrufezeichen** bedeutet: Vorsicht, hier macht man leicht Fehler!

Blau gedruckte Wörter kennst du wahrscheinlich schon aus dem Englischunterricht in der Grundschule.

Diese **Kästen** solltest du dir immer besonders gut ansehen: Hier sind Vokabeln zu einem bestimmten Thema zusammengestellt. Oder du erfährst mehr über ein Wort und wie es verwendet wird.

Im **Vocabulary** werden folgende **Abkürzungen** verwendet:

p. = page (Seite)	pp. = pages (Seiten)
sth. = something (etwas)	sb. = somebody (jemand)
jn. = jemanden	jm. = jemandem

pl = *plural* (Mehrzahl)
infml = *informal* (umgangssprachlich)

English sounds

[iː]	green, he, sea
[i]	happy, monkey
[ɪ]	big, in, expensive
[e]	red, yes, again, breakfast
[æ]	cat, animal, apple, black
[ɑː]	class, ask, car, park
[ɒ]	song, on, dog, what
[ɔː]	door, or, ball, four, morning
[uː]	blue, ruler, too, two, you
[ʊ]	book, good, pullover
[ʌ]	mum, bus, colour
[ɜː]	girl, early, her, work, T-shirt
[ə]	a partner, again, today

[eɪ]	name, eight, play, great
[aɪ]	time, right, my, I
[ɔɪ]	boy, toilet, noise
[əʊ]	old, no, road, yellow
[aʊ]	town, now, house
[ɪə]	here, year, idea
[eə]	where, pair, share, their
[ʊə]	tour

[b]	boat, table, verb
[p]	pool, paper, shop
[d]	dad, window, good
[t]	ten, letter, at
[g]	good, again, bag
[k]	cat, kitchen, back
[m]	mum, man, remember
[n]	no, one, ten
[ŋ]	song, young, uncle, thanks
[l]	hello, like, old, small
[r]	red, ruler, friend, sorry
[w]	we, where, one
[j]	you, yes, uniform
[f]	family, after, laugh
[v]	river, very, seven, have
[s]	sister, poster, yes
[z]	please, zoo, quiz, his, music
[ʃ]	shop, station, English
[ʒ]	television, usually
[tʃ]	teacher, child, watch
[dʒ]	Germany, job, project, orange
[θ]	thanks, three, bathroom
[ð]	the, this, father, with
[h]	here, who, behind

The English alphabet

a	[eɪ]	**n**	[en]
b	[biː]	**o**	[əʊ]
c	[siː]	**p**	[piː]
d	[diː]	**q**	[kjuː]
e	[iː]	**r**	[ɑː]
f	[ef]	**s**	[es]
g	[dʒiː]	**t**	[tiː]
h	[eɪtʃ]	**u**	[juː]
i	[aɪ]	**v**	[viː]
j	[dʒeɪ]	**w**	['dʌbljuː]
k	[keɪ]	**x**	[eks]
l	[el]	**y**	[waɪ]
m	[em]	**z**	[zed]

Am besten kannst du dir die Aussprache der einzelnen Lautzeichen einprägen, wenn du dir zu jedem Zeichen ein einfaches Wort merkst –
das [iː] ist der **green**-Laut,
das [eɪ] ist der **name**-Laut usw.

Here we go

p. 8	**Here we go.** [ˌhɪə wi ˈɡəʊ]	Los geht's. / Jetzt geht's los.	
	Hello. [həˈləʊ]	Hallo. / Guten Tag.	
	I'm a seal. [aɪm] (= **I am** a seal.)	Ich bin eine Robbe.	! Das englische Wort **I** (= „ich") wird immer großgeschrieben – auch wenn es nicht am Satzanfang steht.
	a seal [ə ˈsiːl]	eine Robbe	[iː] ist ein langes „i" wie in „Wien".
	My name is Silky. [maɪ ˈneɪm‿ɪz]	Ich heiße Silky. (*wörtlich:* Mein Name ist Silky.)	[z] ist ein weiches „s" wie in „lesen".
	I'm **two years** old. [ˌtuː jɪəz‿ˈəʊld]	Ich bin zwei Jahre alt.	[ɪə] klingt wie das „ier" in „**hier**".

Numbers

1 **one** [wʌn]	5 **five** [faɪv]	9 **nine** [naɪn]	13 **thirteen** [ˌθɜːˈtiːn]
2 **two** [tuː]	6 **six** [sɪks]	10 **ten** [ten]	14 **fourteen** [ˌfɔːˈtiːn]
3 **three** [θriː]	7 **seven** [ˈsevn]	11 **eleven** [ɪˈlevn]	
4 **four** [fɔː]	8 **eight** [eɪt]	12 **twelve** [twelv]	➜ *Numbers*, pp. 80–81

p. 9	**I'm from** Plymouth. [frɒm], [frəm]	Ich bin aus Plymouth. / Ich komme aus Plymouth.	
	in England [ɪn‿ˈɪŋɡlənd]	in England	! Ländernamen werden großgeschrieben: in England

What about you? [ə'baʊt]	Und du? / Und was ist mit dir? Und ihr? / Und was ist mit euch?	*Englisch:* **you** *Deutsch:* **du – dich – dir** **ihr – euch – euch** **Sie – Sie – Ihnen**
what? [wɒt]	was?	Der Laut [ɒ] klingt wie das „o" in „d**o**ch".
Silky's questions ['kwestʃənz]	Silkys Fragen	
What's your name?	Wie heißt du? / Wie heißt ihr?	

your [jɔː], [jə]	dein/e; euer/eure; Ihr/e	
Are you …? ['ɑː ju]	Bist du …?	**Are you** a boy or a girl?
boy [bɔɪ]	Junge	[ɔɪ] klingt ähnlich wie das „eu" in „**Heu**".
or [ɔː]	oder	
girl [gɜːl]	Mädchen	[ɜː] klingt etwa so wie der Laut in „T-Sh**ir**t".
How old are you? [haʊ]	Wie alt bist du?	
Where are you from? [weə]	Woher kommst du?	

where? [weə]	wo? / wohin?	[eə] kennst du aus dem Wort „**fair**".
Meet your classmates. [miːt]	Triff deine Mitschüler/innen. / Lerne deine Mitschüler/innen kennen.	
classmate ['klɑːsmeɪt]	Mitschüler/in, Klassenkamerad/in	[ɑː] ist ein langes „a" wie in „Kr**a**m".
card (to) [kɑːd]	Karte (an)	
and [ænd], [ənd]	und	[æ] kennst du aus „(Rock-, Pop-)B**a**nd"
I like … [laɪk]	Ich mag …	
the [ðə]	der, die, das; die	
colour ['kʌlə]	Farbe	
red [red]	rot	
tip [tɪp]	Tipp	
Let's go to England. [lets]	Lass(t) uns nach England gehen / fahren.	
to [tu], [tə]	zu, nach	
(to)* **go** [gəʊ]	gehen; fahren	[əʊ] kennst du aus dem Wort „Sh**ow**".
(to) **come** [kʌm]	kommen	
(to) **see** [siː]	sehen; besuchen	[s] ist ein hartes, scharfes „s" wie in „la**ss**en".

* Mit dem vorangestellten **(to)** ist der Infinitiv (die Grundform des Verbs) gekennzeichnet.

hometown [ˌhəʊm'taʊn]	Heimatstadt	
town [taʊn]	Stadt	

Welcome to Plymouth

p. 10 **Welcome to** Plymouth. ['welkəm]	Willkommen in Plymouth.	Der Laut [ə] ist ein schwaches „e" wie am Ende von „**bitte**".
Silky's **tour of** Plymouth ['tʊər‿əv]	Silkys Rundgang / Rundfahrt / Reise durch Plymouth	[ʊə] klingt ähnlich wie das „ur" in „**Kur**".
river ['rɪvə]	Fluss	[v] klingt wie „**V**ampir" – nicht wie „Vater"!
castle ['kɑːsl]	Burg, Schloss	
(swimming) pool [puːl]	Schwimmbad, Schwimmbecken	
tower ['taʊə]	Turm	
hill [hɪl]	Hügel	
boat [bəʊt]	Boot	
sea [siː]	Meer	
big wheel [bɪg 'wiːl]	Riesenrad	
big [bɪg]	groß	

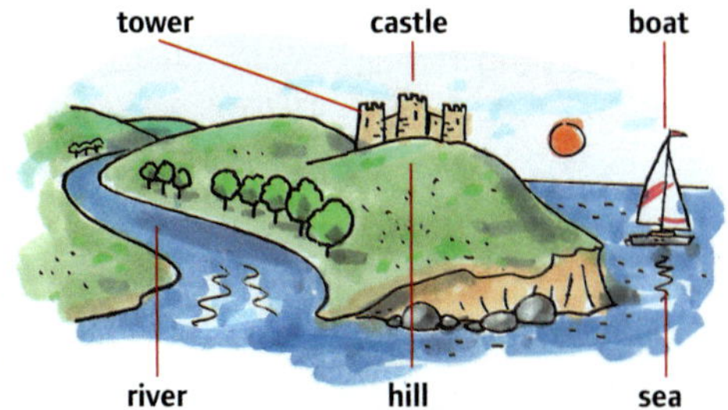

can [kæn], [kən]	können	
on the map [ɒn ðə 'mæp]	auf der Landkarte; auf dem Stadtplan	

p. 11	Silky's **song** [sɒŋ]	Silkys Lied, Silkys Song	[ŋ] ist wie „ng" in „Di**ng**".
	Is it Monday? ['ɪz‿ɪt]	Ist es Montag?	

The days of the week

Monday ['mʌndeɪ], ['mʌndi]	Montag
Tuesday ['tjuːzdeɪ], ['tjuːzdi]	Dienstag
Wednesday ['wenzdeɪ], ['wenzdi]	Mittwoch
Thursday ['θɜːzdeɪ], ['θɜːzdi]	Donnerstag
Friday ['fraɪdeɪ], ['fraɪdi]	Freitag
Saturday ['sætədeɪ], ['sætədi]	Samstag, Sonnabend
Sunday ['sʌndeɪ], ['sʌndi]	Sonntag

! Die Wochentage werden immer großgeschrieben.

every day / colour / boat ['evri]	jeder Tag / jede Farbe / jedes Boot
great [greɪt]	großartig

A week in Plymouth

p. 12	**at** [æt], [ət]	*(in Ortsangaben)* an, bei, in

near [nɪə]	in der Nähe von, nahe (bei)	Silky is **near** the boat. **!** *Nicht:* … ~~in the near of …~~ 
on Monday/Tuesday/…	am Montag/Dienstag/…	
she's … [ʃiːz] **(= she is)**	sie ist …	[ʃ] klingt wie das „sch" in „**sch**ön".
p. 13 **photo** ['fəʊtəʊ]	Foto	*Englisch:* **in the photo** *Deutsch:* **auf dem Foto**
Look, … [lʊk]	Sieh mal, … / Schau mal, …	
it's … [ɪts] **(= it is)**	er/sie/es ist …	*Englisch:* **it** — *Deutsch:* **er/sie/es** the **river** … **it's** big — **er** ist groß the **town** … **it's** old — **sie** ist alt the **photo** … **it's** great — **es** ist großartig
here [hɪə]	hier; hierher	

Yes, **that's right.** [ˌjes ðæts 'raɪt]	Ja, das ist richtig. / Ja, das stimmt.	[ð] klingt etwa wie ein gelispeltes „Wiese".
No, **that's wrong.** [ˌnəʊ ðæts 'rɒŋ]	Nein, das ist falsch. / Nein, das stimmt nicht.	! Aussprache – das "w" wird nicht gesprochen: **wrong** [rɒŋ]
rhyme [raɪm]	Reim; Vers	
There are … ['ðeər‿ɑː]	Es sind … / Es gibt …	**There are** two boys and two girls in the boat. 
There's … [ðeəz]	Es ist … / Es gibt …	**There's** a girl on the tower. 
lots of … ['lɒts‿əv]	viel …, viele …	**lots of** books 
animal ['ænɪml]	Tier	
Follow me. ['fɒləʊ miː]	Folg mir. / Folgt mir.	
me [miː]	mich; mir	*Englisch:* **me** — *Deutsch:* **mich – mir** Come and see **me**. — Besuch **mich**. Follow **me**. — Folg **mir**.

My favourite animal

pp. 14/ 15	my **favourite** animal ['feɪvərɪt]	mein Lieblingstier
	ant [ænt]	Ameise
	bear [beə]	Bär
	bird [bɜːd]	Vogel
	butterfly ['bʌtəflaɪ], *pl* **butterflies** ['bʌtəflaɪz]	Schmetterling
	cat [kæt]	Katze
	dog [dɒg]	Hund
	elephant ['elɪfənt]	Elefant
	frog [frɒg]	Frosch
	giraffe [dʒə'rɑːf]	Giraffe
	guinea pig ['gɪni pɪg]	Meerschweinchen
	horse [hɔːs]	Pferd
	lion ['laɪən]	Löwe
	monkey ['mʌŋki]	Affe
	pig [pɪg]	Schwein
	rabbit ['ræbɪt]	Kaninchen

rat [ræt]	Ratte	 snake  ants
snake [sneɪk]	Schlange	
whale [weɪl]	Wal	
an elephant [æn], [ən]	ein Elefant	**!** **an elephant, an ant, an animal – a bear, a horse, a monkey**
picture ['pɪktʃə]	Bild	*Englisch:* **in the picture** *Deutsch:* **auf dem Bild**
strange [streɪndʒ]	seltsam, komisch	[dʒ] kennst du aus „Jeans" und „Job".

Colours

red [red]	rot	**brown** [braʊn]	braun	**purple** ['pɜːpl]	violett, lila
yellow ['jeləʊ]	gelb	**orange** ['ɒrɪndʒ]	orange	**white** [waɪt]	weiß
blue [bluː]	blau	**grey** [greɪ]	grau	**black** [blæk]	schwarz
green [griːn]	grün	**pink** [pɪŋk]	pink, rosa		

ruler ['ruːlə]	Lineal	
game [geɪm]	Spiel	
with [wɪð]	mit	
leg [leg]	Bein	
without [wɪ'ðaʊt]	ohne	**with ◄► without**

now [naʊ]	nun, jetzt	[aʊ] klingt wie das „au“ wie in „bl**au**“.
time [taɪm]	Zeit; Uhrzeit	
for [fɔː], [fə]	für	
English ['ɪŋglɪʃ]	Englisch; englisch	! Das englische Wort **English** wird immer großgeschrieben.
lesson ['lesn]	(Unterrichts-)Stunde	

Our English class

p. 16	**our** ['aʊə]	unser/e	
	class [klɑːs]	(Schul-)Klasse	
	Mr Schwarz ['mɪstə]	Herr Schwarz	
	Mrs Schwarz ['mɪsɪz]	Frau Schwarz	
	teacher ['tiːtʃə]	Lehrer/in	[tʃ] klingt wie „tsch“ in „**tsch**üs“.
	school [skuːl]	Schule	
	word [wɜːd]	Wort	
	classroom ['klɑːsruːm]	Klassenzimmer	
	cupboard ['kʌbəd]	Schrank	[ʌ] klingt wie das kurze „a“ in „K**a**mm“.
	desk [desk]	Schreibtisch	

thing [θɪŋ]	Sache, Ding
rubber ['rʌbə]	Radiergummi
pen [pen]	Kugelschreiber, Stift, Füller
board [bɔːd]	Tafel
chair [tʃeə]	Stuhl
clock [klɒk]	(Wand-, Stand-, Turm-)Uhr
watch [wɒtʃ]	Armbanduhr
door [dɔː]	Tür
window ['wɪndəʊ]	Fenster
This is … ['ðɪs‿ɪz]	Dies ist … / Das ist …
school bag ['skuːl bæg]	Schultasche
book [bʊk]	Buch
exercise book ['eksəsaɪz bʊk]	Schulheft, Übungsheft
pencil ['pensl]	Bleistift
pencil case ['pensl keɪs]	Federmäppchen
glue stick ['gluː stɪk]	Klebestift
glue [gluː]	Klebstoff
sharpener ['ʃɑːpnə]	Anspitzer

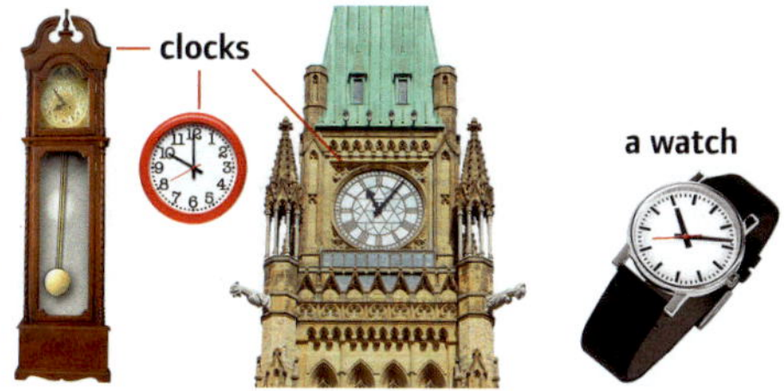

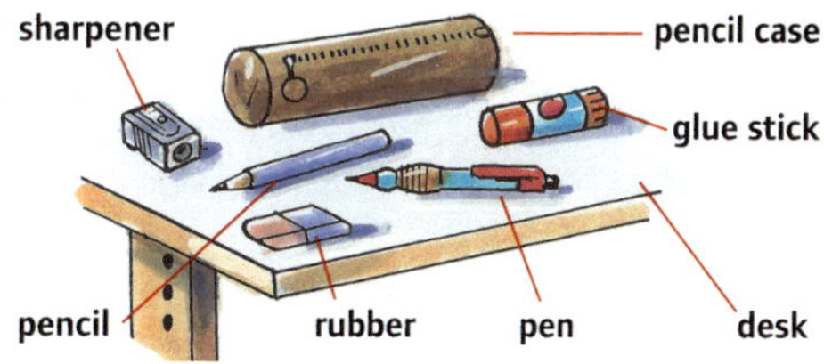

Let me show you …	Lass mich dir … zeigen.	
(to) **show** [ʃəʊ]	zeigen	**Show** me your hometown, Silky.
Simon **says …** [sez]	Simon sagt …	
(to) **put** [pʊt]	legen, stellen, *(etwas wohin)* tun	**Put** the photos in the box. 
(to) **talk (to)** [tɔːk]	reden (mit), sich unterhalten (mit)	
(to) open ['əʊpən]	öffnen, aufmachen	
(to) **touch** [tʌtʃ]	berühren, anfassen	
(to) **give** [gɪv]	geben	Can you **give** me your rubber?

p. 17

Numbers

15 **fifteen** [ˌfɪf'tiːn]	20 **twenty** ['twenti]	40 **forty** ['fɔːti]
16 **sixteen** [ˌsɪks'tiːn]	21 **twenty-one** [ˌtwenti'wʌn]	50 **fifty** ['fɪfti]
17 **seventeen** [ˌsevn'tiːn]	22 **twenty-two** [ˌtwenti'tuː]	60 **sixty** ['sɪksti]
18 **eighteen** [ˌeɪ'tiːn]	…	70 **seventy** ['sevnti]
19 **nineteen** [ˌnaɪn'tiːn]	30 **thirty** ['θɜːti]	80 **eighty** ['eɪti]
	31 **thirty-one** [ˌθɜːti'wʌn]	90 **ninety** ['naɪnti]
	32 **thirty-two** [ˌθɜːti'tuː]	100 **a hundred / one hundred**
➜ *Numbers*, pp. 80–81	…	[ə'hʌndrəd], [ˌwʌn'hʌndrəd]

(to) **count** [kaʊnt]	zählen	
them [ðem], [ðəm]	sie; ihnen	Look, there are the boys. Can you see **them**? Let's talk to **them**.

Die Betonungszeichen

Die **Betonungszeichen** ['] und [ˌ] stehen immer vor der betonten Silbe. ['] zeigt die Hauptbetonung, [ˌ] zeigt die Nebenbetonung.
Im Deutschen sagt man **neunzehn** (Hauptbetonung auf der ersten Silbe). Die englische Zahl **nineteen** hat die Hauptbetonung auf **-teen**: [ˌnaɪn'tiːn].
Also Vorsicht bei der Aussprache:
19 nineteen [ˌnaɪn'tiːn] – **90 ninety** ['naɪnti]

Der Bindebogen

Der **Bindebogen** [‿] in der Lautschrift zeigt an, dass zwei Wörter beim Sprechen aneinandergebunden und wie ein Wort gesprochen werden. Beispiele:

seven‿ants	[sevn‿'ænts]
boys‿and girls	[ˌbɔɪz‿ənd 'gɜːlz]
in‿our class	[ɪn‿aʊə 'klɑːs]
12 years‿old	[twelv jɪəz‿'əʊld]

telephone ['telɪfəʊn]	Telefon	
o [əʊ]	Null *(in Telefonnummern)*	! Du schreibst: 0166 204 … Du sagst: **o** one **double** six two **o** four …
double ['dʌbl]	Doppel-	
See you.	Bis gleich. / Bis bald.	

Unit 1 The first day at school

p. 18	**the first day** [fɜːst]	der erste Tag	
	at school	in der Schule	*English:* **at school** *German:* **in der Schule**
	kid [kɪd] *(infml)*	Kind; Jugendliche(r)	
	her best friend [hɜː ˌbest 'frend]	ihr bester Freund / ihre beste Freundin	

they're … [ðeə] (**= they are** [ðeɪ‿ɑː])	sie sind …	
flat [flæt]	Wohnung	
their first day [ðeə]	ihr erster Tag	
new [njuː]	neu	**new ◄► old**
uniform ['juːnɪfɔːm]	(Schul-)Uniform	
nice [naɪs]	nett, schön	
too [tuː]	auch	! Jack is from Berlin. – I'm from Berlin **too**. – Ich bin **auch** aus Berlin.
(to) **know** [nəʊ]	wissen; kennen	
brother ['brʌðə]	Bruder	
sister ['sɪstə]	Schwester	
student ['stjuːdənt]	Schüler/in; Student/in	! Betonung: **student** ['stjuːdənt]
but [bʌt], [bət]	aber	Luca is ten, **but** Jack is fourteen.
he/she/it isn't … ['ɪznt] (**= he/she/it is not** [nɒt])	er/sie/es ist nicht …; er/sie/es ist kein/e …	Maya **isn't** at Plymstock School. And **she isn't** a teacher – she's a student.
his mum [hɪz]	seine Mama	

I – **my** name		**we** – **our** names	
you – **your** name		**you** – **your** names	
he – **his** name		**they** – **their** names	
she – **her** name			

	mum [mʌm]	Mama, Mutti	
	mother ['mʌðə]	Mutter	
	dad [dæd]	Papa, Vati	
	father ['fɑːðə]	Vater	
	navy ['neɪvi]	Marine	
	(to) **look at** [lʊk]	anschauen, ansehen	
	dark [dɑːk]	dunkel	
	Thank you. ['θæŋk juː]	Danke.	

	please [pliːz]	bitte	Can you open the window, **please**?
	You're late. [leɪt]	Du bist spät dran. / Du bist zu spät.	
	(to) **wait (for)** [weɪt]	warten (auf)	

	minute ['mɪnɪt]	Minute	! Betonung: **minute** ['mɪnɪt]
	What time is it?	Wie spät ist es?	
p. 19	**profile** ['prəʊfaɪl]	Profil; Beschreibung, Porträt	! Betonung: **profile** ['prəʊfaɪl]
	library ['laɪbrəri]	Bibliothek, Bücherei	

home [həʊm]	Heim, Zuhause	**home** Maya is **at home**. – daheim, zu Hause Let's **go home**. – nach Hause gehen Sam, **come home**. – nach Hause kommen

Part A

p. 20	**before** school/lessons [bɪˈfɔː]	vor der Schule *(vor Schulbeginn)* / vorm Unterricht	
	you aren't … [ɑːnt] **(= you are not)**	du bist nicht …; du bist kein/e …; ihr seid nicht …; ihr seid kein/e …	**You aren't** at my school. And **you aren't** a student.
	there [ðeə]	da, dort; dahin, dorthin	Let's go to the park. Let's meet our friends **there**. **here ◄► there**
	sad [sæd]	traurig	
	Don't go. [dəʊnt]	Geh nicht.	
	Bye. [baɪ]	Tschüs.	**Hello. ◄► Bye.**
	Watch out! [ˌwɒtʃ‿ˈaʊt]	Pass auf! / Vorsicht!	
	(I'm) sorry. [ˈsɒri]	Tut mir leid. / Entschuldigung.	

So? [səʊ]	Und? / Na und?	
Nice **to** meet you.	Freut mich, dich/euch/Sie kennenzulernen.	**English "to" – German "zu"** Nice **to** meet you. – kennen**zu**lernen It's time **to** go now. – **zu** gehen It's nice **to** see you. – **zu** sehen
(to) **hurry up** [ˌhʌri_ˈʌp]	sich beeilen	
who? [huː]	wer?	*English:* **who?** – *German:* **wer?** *English:* **where?** – *German:* **wo? / wohin?**
friendly [ˈfrendli]	freundlich	
p. 21 shoe [ʃuː]	Schuh	
trainer [ˈtreɪnə]	Turnschuh	
(to) **forget** [fəˈget]	vergessen	
(to) wear [weə]	tragen *(Kleidung)*	**Wear** black shoes. Don't **wear** trainers.
British [ˈbrɪtɪʃ]	britisch	
different [ˈdɪfrənt]	verschieden; anders	The Coombe Dean uniform is **different**.
(to) have [hæv], [həv]	haben	I **have** one brother and two sisters.
I don't like green. [dəʊnt]	Ich mag Grün nicht. / Ich mag kein Grün.	**I like … ◄► I don't like …**
Have a go. [ˌhæv_ə ˈgəʊ]	Versuch's mal.	

p. 22	**language** ['læŋgwɪdʒ]	Sprache	
	form (of) [fɔːm]	Form (von)	"am", "is" and "are" are **forms of** "be".
	of [ɒv], [əv]	von	a map **of** Britain

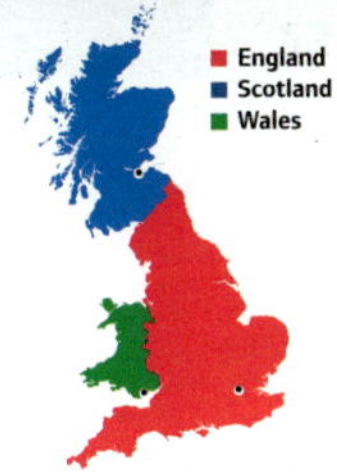

	long [lɒŋ]	lang	At German schools, a lesson is 45 minutes **long**.
	short [ʃɔːt]	kurz	**long** ◄► **short**
	people ['piːpl]	Leute, Menschen	The **people** in Plymouth are nice.
p. 23	**silly** ['sɪli]	albern; blöd	
	sentence ['sentəns]	Satz	
p. 24	**help** [help]	Hilfe	
	(to) **help** [help]	helfen	Can you **help** me, please?
p. 25	**speaker** ['spiːkə]	Sprecher/in	
	(to) **speak** [spiːk]	sprechen	Can you **speak** English?
	about me/you/… [ə'baʊt]	über mich/dich/…	
	at 1 o'clock [ə'klɒk]	um 1 Uhr / um 13 Uhr	It's **1 o'clock** now.

	appointment [ə'pɔɪntmənt]	Verabredung, Termin	I have an **appointment** at 2 o'clock.

Part B

p. 26	**Miss** Bell [mɪs]	Frau Bell *(übliche Anrede von Lehrerinnen)*	Can I open the window, **Miss**?
	Good morning. [gʊd 'mɔːnɪŋ]	Guten Morgen.	
	so [səʊ]	also; deshalb, daher	It's your first day at school, **so** let me show you the school.
	(to) **come in**	hereinkommen	
	(to) **start** [stɑːt]	anfangen, beginnen	
	ball [bɔːl]	Ball	a **football** 
	(to) **throw** [θrəʊ]	werfen	
	(to) **ask** [ɑːsk]	fragen	Can I start? – **Ask** Miss Bell. *English:* Can I **ask** you a **question**? *German:* Kann ich dir eine **Frage stellen**?
	(to) **catch** [kætʃ]	fangen	(to) **throw a ball** ◄► (to) **catch a ball**
	(to) **answer** ['ɑːnsə]	antworten; beantworten	(to) **ask** ◄► (to) **answer**
	answer ['ɑːnsə]	Antwort	
	about **yourself** [jɔː'self]	über dich selbst	
	birthday ['bɜːθdeɪ]	Geburtstag	

September [sep'tembə]	September	! Monatsnamen werden großgeschrieben: in <u>S</u>eptember
(to) do [duː]	machen, tun	
(to) live [lɪv]	leben; wohnen	Justin and his mum **live** in Plymouth.
at 14 Dean Street [striːt]	in der Deanstraße 14	*English:* They live **at 14 Dean Street**. *German:* Sie wohnen **in der Deanstraße 14**.
then [ðen]	dann	Throw the ball. **Then** ask a question.
again [ə'gen]	wieder; noch einmal	Can you say that **again**, please?
timetable ['taɪmteɪbl]	Stundenplan	
p. 27 **quarter past** ten ['kwɔːtə pɑːst]	Viertel nach zehn (10.15 / 22.15)	
half past ten ['hɑːf pɑːst]	halb elf (10.30 / 22.30)	
quarter to eleven ['kwɔːtə tʊ]	Viertel vor elf (10.45 / 22.45)	

(school) **subject** ['sʌbdʒɪkt]	Schulfach	❗ Betonung: **subject** ['sʌbdʒɪkt]

School subjects

Art [ɑːt]	Kunst
Design and Technology [dɪˌzaɪn‿ənd tek'nɒlədʒi]	Design und Technik
French [frentʃ]	Französisch
Geography [dʒi'ɒgrəfi]	Geografie
History ['hɪstri]	Geschichte
ICT[1] [ˌaɪ siː 'tiː]	Informations- und Kommunikationstechnologie
Maths [mæθs]	Mathematik
Music ['mjuːzɪk]	Musik
PE[2] [ˌpiː‿'iː]	Sportunterricht, Turnen
Religion [rɪ'lɪdʒən]	Religion
Science ['saɪəns]	Naturwissenschaft

[1] *Information and Communication Technology*

[2] *Physical Education*

p. 28 **hour** ['aʊə]	Stunde	❗ Das „h“ wird nicht gesprochen: **hour** ['aʊə]
lunch [lʌntʃ]	Mittagessen	
break [breɪk]	Pause	
(to) **learn** [lɜːn]	lernen	

p. 29 **month** [mʌnθ] Monat

The months

1 **January** ['dʒænjuəri]
Januar

2 **February** ['februəri]
Februar

3 **March** [mɑːtʃ]
März

4 **April** ['eɪprəl]
April

5 **May** [meɪ]
Mai

6 **June** [dʒuːn]
Juni

7 **July** [dʒu'laɪ]
Juli

8 **August** ['ɔːgəst]
August

9 **September** [sep'tembə]
September

10 **October** [ɒk'təʊbə]
Oktober

11 **November** [nəʊ'vembə]
November

12 **December** [dɪ'sembə]
Dezember

! Monatsnamen werden immer großgeschrieben.

second ['sekənd] zweite(r, s)

third [θɜːd] dritte(r, s)

1	**one**	eins	1st	**first**	erste(r, s)
2	**two**	zwei	2nd	**second**	zweite(r, s)
3	**three**	drei	3rd	**third**	dritte(r, s)
4	**four**	vier	4th	**fourth**	vierte(r, s)
5	**five**	fünf	5th	**fifth**	fünfte(r, s)

→ *Numbers*, pp. 80 – 81

when? [wen]	wann?	

Birthdays

My birthday **is** in May. **When's** your birthday? – My birthday is in August. **On** 5th August.

Ich **habe** im Mai Geburtstag. **Wann hast** du Geburtstag? – Ich habe im August Geburtstag. **Am** 5. August.

! Du schreibst: **on 5th August** – du sagst: **on the fifth of August**

(to) write [raɪt]	schreiben	**!** Das „w“ wird nicht gesprochen: **write** ['raɪt]

Part C

p. 30 (to) **find** [faɪnd] — finden

Are there any …? ['eni]	Gibt es (irgendwelche) …?	**Are there any** English students at your school?
(to) **spell** [spel]	buchstabieren	
(to) **work** [wɜːk]	arbeiten	
(to) read [riːd]	lesen	

(to) **watch** [wɒtʃ]	*sich etwas* anschauen; beobachten	**look • see • watch** • **Look** at the picture. (hin)schauen • Can you **see** the cat? sehen • Can I **watch** a DVD? anschauen Let's **watch** the seals. beobachten
(to) **fall asleep** [ˌfɔːl‿əˈsliːp]	einschlafen	
place [pleɪs]	Ort, Platz, Stelle	Plymouth is a great **place**.
this place/break/subject	dieser Ort / diese Pause / dieses Fach	
I don't know.	Ich weiß (es) nicht.	
(to) eat [iːt]	essen	
What colour …?	Welche Farbe …?	
canteen [kænˈtiːn]	Kantine, (Schul-)Mensa	
gym [dʒɪm]	Turnhalle	
We're finished. [ˈfɪnɪʃt]	Wir sind fertig.	**We're finished.** What can we do now?
back [bæk]	zurück	
we **can't …** [kɑːnt]	wir können nicht …	I can speak English, but I **can't** speak French.
(to) **win** [wɪn]	gewinnen	
him [hɪm]	ihn; ihm	Look, there's Sam. Can you see **him**? Let's help **him**.

	winner ['wɪnə]	Gewinner/in, Sieger/in	
p. 31	**everyday** ['evrideɪ]	Alltags-	
	workbook ['wɜːkbʊk]	Arbeitsheft	
	page [peɪdʒ]	Seite	*English:* What **page** are we **on**? *German:* **Auf** welcher **Seite** sind wir?
	toilet ['tɔɪlət]	Toilette	! Betonung: **toilet** ['tɔɪlət]
	What's for homework? ['həʊmwɜːk]	Was haben wir als Hausaufgabe auf?	*English:* **Do your homework now.** *German:* **Mach jetzt deine Hausaufgaben.**
	homework ['həʊmwɜːk]	Hausaufgabe(n)	! **homework** hat keinen Plural: *English:* Where **is** your **homework**? *German:* Wo **sind** deine **Hausaufgaben**?
p. 32	**There aren't any …** ['eni]	Es gibt/sind keine …	**There are** two cats in my photo. **Are there any** cats in your photo? – No, **there aren't any** cats in my photo.
	in German/English	auf Deutsch/Englisch	

Chaos at the corner shop

p. 34	**chaos** ['keɪɒs]	Chaos	
	corner shop ['kɔːnə ʃɒp]	Laden an der Ecke; Tante-Emma-Laden	

	master ['mɑːstə]	Meister/in	
	yoghurt ['jɒgət]	Joghurt	*English:* **yoghurt** – *German:* **Joghurt**
	little ['lɪtl]	klein	This is Lily, my **little** sister.
p. 35	**always** ['ɔːlweɪz]	immer	
	group (of) [gruːp]	Gruppe	*English:* a **group of** boys/girls *German:* eine **Gruppe** Jungen/Mädchen
	that group [ðæt], [ðət]	die Gruppe (dort), jene Gruppe	
	(to) swim [swɪm]	schwimmen	
	like boys [laɪk]	wie Jungen	
	swimmer ['swɪmə]	Schwimmer/in	
	(to) **be good at** kung fu	gut sein in Kung-Fu; gut Kung-Fu können	Are you **good at** football?
	feeling ['fiːlɪŋ]	Gefühl	
	angry ['æŋgri]	wütend	
	happy ['hæpi]	glücklich, froh	She's **happy**.  He isn't **happy**. 
	surprised [sə'praɪzd]	überrascht	
	(to) **act out**	vorspielen	

the **next** picture/question [nekst]	das nächste Bild / die nächste Frage	
man, *pl* **men** [mæn], [men]	Mann	! one **man** – two, three, four **men**
woman, *pl* **women** ['wʊmən], ['wɪmɪn]	Frau	! one **woman** – two, three, four **women**

Unit 2 Homes and families

pp. 36/ 37	family ['fæməli], *pl* **families**	Familie	*English:* the Blackwell **family** *German:* **Familie** Blackwell
	road [rəʊd]	Straße *(Landstraße zwischen Orten; Straße in Orten)*	• **ohne Hausnummer:** **in Dean Street / in Beach Road** in der Dean Street / in der Beach Road • **mit Hausnummer:** **at 14 Dean Street / at 8 Beach Road** in der Dean Street 14 / in der Beach Road 8
	house [haʊs]	Haus	
	garden ['gɑːdn]	Garten	
	upstairs [ˌʌp'steəz]	oben; nach oben	
	downstairs [ˌdaʊn'steəz]	unten; nach unten	

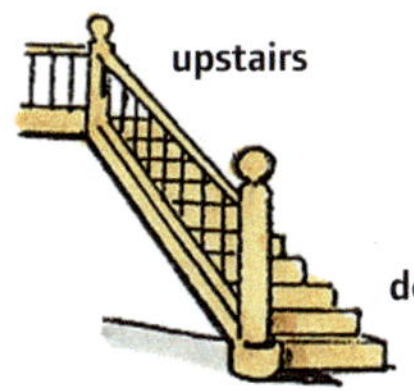

bedroom ['bedru:m]	Schlafzimmer	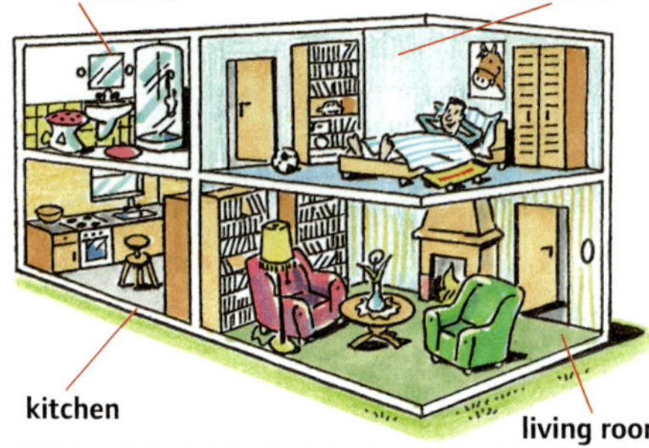
bathroom ['bɑ:θru:m]	Badezimmer, Bad	
dining room ['daɪnɪŋ ru:m]	Esszimmer	
kitchen ['kɪtʃɪn]	Küche	
living room ['lɪvɪŋ ru:m]	Wohnzimmer	
armchair ['ɑ:mtʃeə]	Sessel	
bed [bed]	Bett	
lamp [læmp]	Lampe	
shelf [ʃelf], *pl* **shelves** [ʃelvz]	Regal	! one **shelf** – two, three, four **shelves**
sofa ['səʊfə]	Sofa	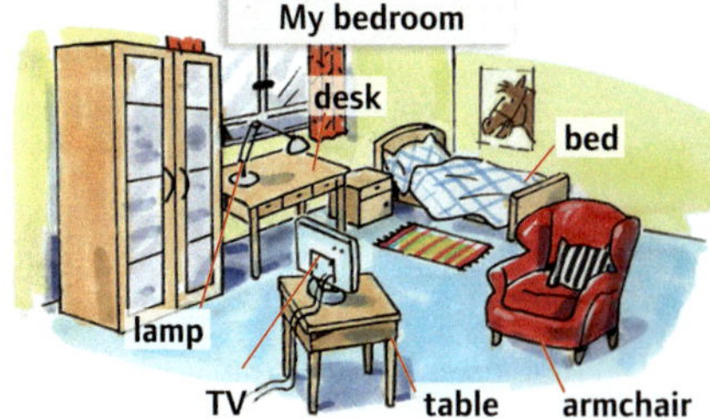
table ['teɪbl]	Tisch	
toy [tɔɪ]	Spielzeug	
TV [ˌti:'vi:]	Fernsehen, Fernsehgerät	
watch TV	fernsehen	
small [smɔ:l]	klein	**big** ◄► **small**
task [tɑ:sk]	Aufgabe	

Part A

p. 38	(to) **wake up** [ˌweɪk‿ˈʌp]	aufwachen	**Wake up**! It's time for school! (to) **fall asleep** ◄► (to) **wake up**
	(to) **have** breakfast [ˈbrekfəst]	frühstücken	
	a plate of … [pleɪt]	ein Teller …	
	crab [kræb]	Krebs	

Silky's breakfast

after breakfast [ˈɑːftə]	nach dem Frühstück	**after** breakfast ◄► **before** breakfast
in the afternoon [ˌɑːftəˈnuːn]	nachmittags, am Nachmittag	
(to) play [pleɪ]	spielen	In the afternoon we always **play** football.
in the evening [ˈiːvnɪŋ]	abends, am Abend	

• **in** the morning	morgens, am Morgen	• **on** Monday	am Montag
in the afternoon	nachmittags, am Nachmittag	**on** Mondays	montags, an Montagen
in the evening	abends, am Abend		

fish [fɪʃ], *pl* **fish**	Fisch	! one **fish** – two, three, four **fish**
dinner ['dɪnə]	Abendessen, Abendbrot	(to) **have breakfast** frühstücken (to) **have lunch** zu Mittag essen (to) **have dinner** zu Abend essen
(to) **sit** [sɪt]	sitzen; sich setzen	
rock [rɒk]	Fels, Felsen	
(to) **text** a friend [tekst]	einem Freund / einer Freundin eine SMS schicken	I wake up, I have breakfast, and then I **text** my friends.
p. 39 **her** [hɜː]	sie; ihr	Look, there's Abby. Can you see **her**? Let's help **her**.
(to) **go sailing** ['seɪlɪŋ]	segeln; segeln gehen	Abby and Maya **go sailing** at Wembury Sailing Club.
into the kitchen ['ɪntʊ]	in die Küche (hinein)	
(to) make [meɪk]	machen; herstellen	
a cup of … [kʌp]	eine Tasse …	**a cup of tea** 
tea [tiː]	Tee	
paper ['peɪpə]	Zeitung	
at the weekend [ˌwiːk'end]	am Wochenende	
at night [ət 'naɪt]	nachts, in der Nacht	! **in the morning/afternoon/evening** **at night, at the weekend**

	(to) **sleep** [sliːp]	schlafen	Our cat always **sleeps** on the sofa.
	(to) **feed** [fiːd]	füttern	Can I **feed** the rabbits?
	no … [nəʊ]	kein …, keine …	There's **no** school at weekends.
	us [ʌs], [əs]	uns	We're here. Can you see **us**? Please help **us**.
	of course [əv 'kɔːs]	natürlich, selbstverständlich	
	basket ['bɑːskɪt]	Korb	My dog Ben always sleeps in his **basket** on the **floor**. 
	floor [flɔː]	Fußboden	
	trophy ['trəʊfi], *pl* **trophies**	Pokal; Trophäe	**trophies** 
	away [ə'weɪ]	weg, fort	
	mad [mæd]	verrückt	
	(to) **think** [θɪŋk]	denken, glauben	I **think** Silky is nice.
	so cool/nice/… [səʊ]	so cool/nett/…	
	(to) **go for a walk** [wɔːk]	einen Spaziergang machen, spazieren gehen	
p. 41	**pronunciation** [prəˌnʌnsi'eɪʃn]	Aussprache	
	(to) **run** [rʌn]	rennen, laufen	

Part B

p. 44	**uncle** ['ʌŋkl]	Onkel	your father's or your mother's brother
	aunt [ɑːnt]	Tante	your father's or your mother's sister
	sport [spɔːt]	Sport; Sportart	Plymstock is a **sports** school.
	(to) **do sport**	Sport treiben	On Saturdays, I always **do sport**.
	near here	(hier) in der Nähe	Is there a sports shop **near here**?
	he doesn't have time	er hat keine Zeit	
	only ['əʊnli]	nur, bloß	
	often ['ɒfn], ['ɒftən]	oft	We **often** do sport on Saturdays.
	(to) **tell (about)** [tel]	erzählen (von); berichten (über)	**Tell me about** your family.
	all [ɔːl]	alles; alle	Can you tell me **all** about Plymstock School? I have five friends, and they **all** live near here.
	…, you know. [nəʊ]	…, weißt du. / …, wissen Sie.	We're a big family, **you know**.
	cousin ['kʌzn]	Cousin, Cousine	! Betonung: **cousin** ['kʌzn]
	person ['pɜːsn]	Person	! Betonung: **person** ['pɜːsn] one **person** – two, three, four **people**
p. 46	**grandma** ['grænmɑː]	Oma	

grand-	**Groß-**
grandfather, grandpa	Großvater, Opa
grandmother, grandma	Großmutter, Oma

farm [fɑːm]	Bauernhof, Farm	
Well, … [wel]	Nun, … / Also, … / Na ja, …	
till 12 o'clock [tɪl]	bis 12 Uhr	On Sundays I often sleep **till** 10 o'clock.
p. 47 **family tree**	(Familien-)Stammbaum	a **family tree** 
tree [triː]	Baum	
dead [ded]	tot	
divorced [dɪ'vɔːst]	geschieden	
married (to) ['mærɪd]	verheiratet (mit)	*English:* **married to** *German:* **verheiratet mit** 
single ['sɪŋgl]	ledig, alleinstehend	
twins *(pl)* [twɪnz]	Zwillinge	

Part C

p. 48 **What's for** lunch?	Was gibt es zum Mittagessen?	
roast beef [ˌrəʊst ˈbiːf]	Rinderbraten	
potato [pəˈteɪtəʊ], *pl* **potatoes**	Kartoffel	
yummy [ˈjʌmi] *(infml)*	lecker	
vegetables *(pl)* [ˈvedʒtəblz]	Gemüse	*English:* **Vegetables are** good for you. *German:* **Gemüse ist** gut für dich.
soup [suːp]	Suppe	
dessert [dɪˈzɜːt]	Nachtisch, Nachspeise	
fruit salad [ˌfruːt ˈsæləd]	Obstsalat	
ice cream [ˌaɪs ˈkriːm]	(Speise-)Eis	
scone [skɒn]	*kleines rundes Milchbrötchen, leicht süß, oft mit Rosinen*	
(to) **take** [teɪk]	nehmen, mitnehmen; (weg-, hin)bringen	Thanks for the book. Can I **take** it with me? **Take** the chairs into the dining room, please.
on the radio [ˈreɪdiəʊ]	im Radio	*Englisch:* **on the radio** – *German:* **im Radio**

	in the middle ['mɪdl]	in der Mitte
	What would you like? [wʊd]	Was hättest du gern? / Was möchtest du?
	I'd like … [ˌaɪd 'laɪk] (= **I would like …**)	Ich hätte gern … / Ich möchte …
	What would you like to eat?	Was möchtest du essen?
	hot [hɒt]	heiß
	cold [kəʊld]	kalt
p. 49	(to) drink [drɪŋk]	trinken
	drink [drɪŋk]	Getränk
	sandwich ['sænwɪtʃ], ['sænwɪdʒ]	Sandwich, *(zusammengeklapptes)* belegtes Brot
	cake [keɪk]	Kuchen
	cream [kriːm]	Sahne
	jam [dʒæm]	Marmelade
p. 50	**food** [fuːd]	Essen; Lebensmittel; Futter

biscuit ['bɪskɪt]	Keks, Plätzchen	*German* **Keks** – *English* **biscuit** *German* **Kuchen** – *English* **cake**
bread [bred]	Brot	
cheese [tʃiːz]	Käse	
meat [miːt]	Fleisch	
milk [mɪlk]	Milch	
water ['wɔːtə]	Wasser	

Saturday in Plymouth

p. 52 (to) **remember** [rɪ'membə]	sich erinnern (an)	*English:* Can you **remember** the name? *German:* Kannst du dich **an** den Namen **erinnern**?
present ['preznt]	Geschenk	a **present**
café ['kæfeɪ]	Café	
harbour ['hɑːbə]	Hafen	
seagull ['siːgʌl]	Möwe	
(to) **shout** [ʃaʊt]	schreien, rufen	
ship [ʃɪp]	Schiff	

suddenly ['sʌdnli]	plötzlich, auf einmal	
down [daʊn]	hinunter, herunter; nach unten	
maybe ['meɪbi]	vielleicht	
its name [ɪts]	sein Name / ihr Name	This is my rabbit. **Its** name is Joe.
(to) **jump** [dʒʌmp]	springen	Can you **jump** **onto** your desk?
onto the boat ['ɒntʊ]	auf das Boot (hinauf)	
police officer [pə'liːs‿ˌɒfɪsə]	Polizist/in	
(to) **look** happy/angry/…	glücklich/wütend/… aussehen	**look** • **Look**, Sam. There's a seagull. Schau mal, Sam. Da ist eine Möwe. • **Look at** the pictures. Sieh dir die Bilder an. • Your school uniform **looks** great. Deine Schuluniform sieht toll aus.
worried ['wʌrid]	besorgt, beunruhigt	
hair [heə]	Haar, Haare	*English:* Your **hair is** too long. *German:* Deine **Haare sind** zu lang.

	clothes *(pl)* [kləʊðz]	Kleidung, Kleidungsstücke	**clothes** und **jeans** sind Plural-Wörter: • All her **clothes** **are** red. Ihre gesamte **Kleidung** **ist** rot. • My **jeans** **are** blue. **They're** new. Meine **Jeans** **ist** blau. **Sie ist** neu.
	jeans *(pl)* [dʒiːnz]	Jeans	
p. 53	**why?** [waɪ]	warum?	Lucy is sad. – **Why**? – Maya goes to a different school.
	never ['nevə]	nie, niemals	My brother **never** feeds our dog. I always feed it. **always** ◄► **never**
	(to) **be in trouble** ['trʌbl]	in Schwierigkeiten sein; Ärger kriegen	
	story ['stɔːri], *pl* **stories**	Geschichte, Erzählung	! one **story** – two, three, four **stories**
	it shows **that** … [ðæt], [ðət]	es zeigt, dass …	

Unit 3 Clubs and hobbies

pp. 56/57	**hobby** ['hɒbi], *pl* **hobbies**	Hobby	
	some [sʌm], [səm]	einige, ein paar; etwas	There are **some** sandwiches for you on the table. And there's **some** milk too.

(to) **join a club** [dʒɔɪn]	in einen Klub eintreten; sich einem Klub anschließen	You like basketball? **Join** our basketball club!
more [mɔː]	mehr	For **more** help, go to page 56. Can you tell me **more** about the clubs at your school?
information (about) *(no pl)* [ˌɪnfəˈmeɪʃn]	Information(en) (über)	! Das englische Wort **information** hat keinen Plural: *English:* Here**'s** the **information** about our club. *German:* Hier **sind** die **Informationen** …
4 **pm** [ˌpiː‿ˈem]	4 Uhr nachmittags / 16 Uhr	! • Bei Uhrzeiten wird **pm** verwendet, wenn der Nachmittag oder Abend gemeint ist. • **am** wird verwendet, wenn der Morgen oder Vormittag gemeint ist. • **am** und **pm** stehen nie mit **o'clock** – also nur: **at 4 am / at 4 pm** (nicht: at 4 ~~o'clock pm~~)
4 **am** [ˌeɪ‿ˈem]	4 Uhr morgens	
(to) **edit** [ˈedɪt]	bearbeiten; schneiden *(Film, Video)*	
gardening [ˈɡɑːdnɪŋ]	Gärtnern, Gartenarbeit	
(to) **grow** [ɡrəʊ]	anbauen, anpflanzen	
(to) **sell** [sel]	verkaufen	
(to) **have fun** [fʌn]	Spaß haben, sich amüsieren	
kit [kɪt]	Ausrüstung	
quiet [ˈkwaɪət]	ruhig, still, leise	Be **quiet**, please. I have lots of homework.

young [jʌŋ]	jung	**young** ◄► **old**
(to) **choose** [tʃuːz]	aussuchen, (aus)wählen; sich aussuchen	Look at the information on our school website. Then **choose** one or two clubs.
area ['eəriə]	Bereich; Gebiet, Gegend	The Samba Club meets in the Music **area**. I live in an **area** with lots of shops.
lunchtime ['lʌntʃtaɪm]	Mittagszeit	We can meet in the canteen **at lunchtime**. (*German:* … **mittags** …)
instrument ['ɪnstrəmənt]	Instrument	! Betonung: **instrument** ['ɪnstrəmənt]
(to) sing [sɪŋ]	singen	
(to) **dance** [dɑːns]	tanzen	
from … to …	von … bis …	The Film Making Club meets **from** 3 **to** 4 pm.

Part A

p. 58 (to) **get** angry/cold/… [get]	wütend/kalt/… werden	My dad is great. He never **gets** angry.
wet [wet]	nass	
umbrella [ʌm'brelə]	Schirm, Regenschirm	With an **umbrella**, you can't get wet.
funny ['fʌni]	witzig, komisch	
very funny/wet/… ['veri]	sehr witzig/nass/…	
joke [dʒəʊk]	Witz	

	because [bɪ'kɒz]	weil	Why are you angry? – **Because** you're late.
	really ['rɪəli]	wirklich	Our Maths teacher is **really** nice. I know some very good jokes. – **Really**?
	sometimes ['sʌmtaɪmz]	manchmal	**never** – **sometimes** – **always** (nie – manchmal – immer) Mum **sometimes** comes home very late.
	(to) **have to** go/work/… ['hæv tə]	gehen/arbeiten/… müssen	Look, it's late. We **have to** go now.
	What's the matter? ['mætə]	Was ist denn? / Was ist los?	You look so sad. **What's the matter?**
	Which clubs/jokes/…? [wɪtʃ]	Welche Klubs/Witze/…?	I like the Samba Club and the Film Making Club. **Which** clubs do you like?
p. 59	**everyone** ['evriwʌn] **(**or: **everybody** ['evribɒdi]**)**	jeder; alle	**Everyone** knows that London is in England. (*or:* **Everybody** knows …)
	What's she like?	Wie ist sie? / Wie ist sie so?	You know Kristen Stewart? Really? **What's she like?**
	(to) **visit** ['vɪzɪt]	besuchen	Can we **visit** Grandma on Sunday?
	(to) **love** [lʌv]	lieben, sehr mögen	
	nothing ['nʌθɪŋ]	(gar) nichts	

list [lɪst]	Liste	
(to) **want** [wɒnt]	(haben) wollen	
work [wɜːk]	Arbeit	
(to) **want to do**	tun wollen	*English:* I **want to** dance. *German:* Ich **möchte** tanzen.
(to) **sound** [saʊnd]	klingen, sich *(gut usw.)* anhören	A garden party? That **sounds** great.
(to) **make friends**	Freunde finden	Join the Samba Club and **make** new **friends**.
p. 60 **activity** [æk'tɪvəti], *pl* **activities**	Aktivität	! Betonung: **activity** [æk'tɪvəti]
other ['ʌðə]	andere(r, s)	The rabbits are in the garden. Where are the **other** animals?
chess [tʃes]	Schach	
drum [drʌm]	Trommel	*English:* (to) play **the drums** / **the piano** *German:* **Schlagzeug** spielen / **Klavier** spielen
piano [pi'ænəʊ]	Klavier, Piano	
gymnastics [dʒɪm'næstɪks]	Gymnastik, Turnen	
skating ['skeɪtɪŋ]	Inlineskaten, Rollschuhlaufen	**skates**
riding ['raɪdɪŋ]	Reiten	
judo ['dʒuːdəʊ]	Judo	

Sports and other activities

You **do** …	You **play** …	You **go** …
judo, yoga, gymnastics, kung fu, sport, …	**basketball, football, tennis, games, chess, cards, the drums, the piano, …**	**sailing, skating, swimming, riding, dancing, …**

p. 61	**Find someone who …**	Finde jemanden, der …	
	someone ['sʌmwʌn] (or: **somebody** ['sʌmbədi])	jemand	There's **someone/somebody** at the door, I think.
	something ['sʌmθɪŋ]	etwas	Can I ask you **something**?
	(to) **guess** [ges]	raten, erraten	Can you **guess** how old I am?
	(to) **clean** [kliːn]	sauber machen, putzen	I can't go swimming now. I have to **clean** my room.
p. 62	(to) **collect** [kə'lekt]	sammeln	My friend Jamie **collects** comics.
	free [friː]	frei	Can we meet at 1 o'clock? Are you **free**? *English:* **free time** • **free-time activities** *German:* **Freizeit** • **Freizeitaktivitäten**
	(to) **ask** sb. **to do** sth.	jemanden bitten, etwas zu tun	You can always **ask** your teacher **to** help you.
	(to) **try** [traɪ]	(aus)probieren; versuchen	**Try** a scone. They're really yummy. Sam always **tries** to help his sister Lily. ! I/you/we/they **try** • he/she/it **tries**

	table ['teɪbl]	Tabelle	
	(to) **need** [niːd]	brauchen, benötigen	
	guitar [gɪ'tɑː]	Gitarre	*English:* (to) play **the guitar** *German:* **Gitarre** spielen
	beach [biːtʃ]	Strand	
p. 63	**outside** [ˌaʊt'saɪd]	draußen; nach draußen	Where's the dog? – **Outside**, in the garden. It's hot in here. Let's go **outside**.
	inside [ˌɪn'saɪd]	drinnen; nach drinnen	**inside ◄► outside**
	jump [dʒʌmp]	Sprung	
	letter ['letə]	Brief	

Part B

p. 64	(to) **finish** sth. ['fɪnɪʃ]	etwas beenden; mit etwas fertig werden/sein	**Finish** your homework, then you can go skating. Do you always **finish** school at 2 o'clock?
	Come on, Dad.	Na los, Dad! / Komm, Dad!	

How are you? [haʊ‿'ɑː ju]	Wie geht's? / Wie geht es dir/euch?	
Listen, Justin. ['lɪsn]	Hör zu, Justin.	**Listen**, please. – Hör(t) zu, bitte. **Listen to** me. – Hör(t) mir zu, bitte. **Listen to** the song. – Hör dir/Hört euch den Song an.
(to) **listen** ['lɪsn]	zuhören, horchen	
much [mʌtʃ]	viel	Dad works so **much**. He doesn't have **much** time.
job [dʒɒb]	Job, (Arbeits-)Stelle	
studio ['stjuːdiəʊ]	Studio	
programme ['prəʊɡræm]	Programm, (Radio-, Fernseh-)Sendung	! Betonung: **programme** ['prəʊɡræm]
What programmes ...?	Welche Programme ...? / Welche Art von Programmen ...?	**What TV programmes** do you watch and **what books** do you read?
later ['leɪtə]	später	I don't have much time now. Let's talk **later**.
midnight ['mɪdnaɪt]	Mitternacht	
too late/cold/big/... [tuː]	zu spät/kalt/groß/...	We can't go swimming. It's much **too** cold.

	(to) **get up** [ˌget‿ˈʌp]	aufstehen	My mother **gets up** at 6 o'clock every morning.
	How do you like it?	Wie findest du es (sie/ihn)? / Wie gefällt es (sie/er) dir?	

	It's about a seagull.	Es geht um eine Möwe. / Es handelt von einer Möwe.	I can't go skating, I want to watch a video. **It's about** a kung fu master.
	(to) **send** sth. **to** sb. [send]	jm. etwas schicken, senden	
	idea [aɪˈdɪə]	Idee; Vorstellung	I have a great **idea** for a video about Plymouth. Justin has no **idea** about his dad's work.
p. 65	(to) **hear** [hɪə]	hören	**listen • hear** **Listen.** Can you **hear** the dogs in the street? • (to) **listen (to)** zuhören, horchen • (to) **hear** hören (können)
p. 66	**partner** [ˈpɑːtnə]	Partner/in	
	(to) **interview** sb. [ˈɪntəvjuː]	jn. interviewen, jn. befragen	
p. 67	**age** [eɪdʒ]	Alter	
	also [ˈɔːlsəʊ]	auch	I play football, and I play basketball too. = I play football, and I **also** play basketball.
	metre [ˈmiːtə]	Meter	

Part C

p. 68	**on Saturday afternoon**	am Samstagnachmittag
	(to) **ride a bike** [ˌraɪd‿ə 'baɪk]	Rad fahren
	bike [baɪk]	Fahrrad
	(to) **stop** [stɒp]	anhalten, stoppen
	tired ['taɪəd]	müde
	(to) **be thirsty** ['θɜːsti]	durstig sein, Durst haben
	chocolate ['tʃɒklət]	Schokolade
	usually ['juːʒuəli]	meistens, normalerweise, gewöhnlich
	(to) **turn** sth. **on** [ˌtɜːn‿'ɒn]	etwas einschalten
	all of Plymouth	ganz Plymouth, das ganze Plymouth
	behind [bɪ'haɪnd]	hinter
	in front of [ɪn 'frʌnt‿əv]	vor

! **in the morning/afternoon/evening**
aber: **on Saturday afternoon / on Monday morning** *usw.*

She's **tired**.

! Betonung: **chocolate** ['tʃɒklət]

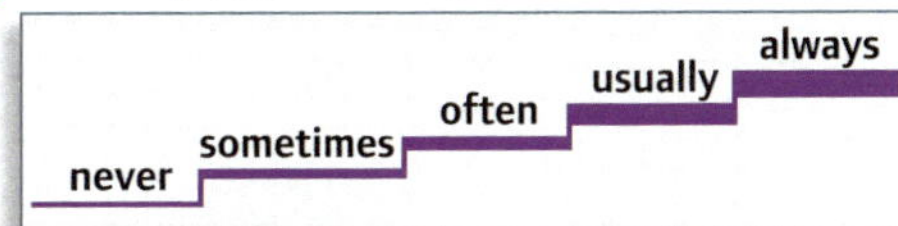

behind the TV ◄► **in front of** the TV

	(to) **turn around** [ˌtɜːn‿ə'raʊnd]	sich umdrehen	
	ghost [gəʊst]	Geist, Gespenst	
	ready ['redi]	bereit, fertig	Are you **ready**? Can we go?
	loud [laʊd]	laut	**loud** ◄► **quiet**
p. 69	**scary** ['skeəri]	unheimlich, gruselig	I can tell you a **scary** story.
	traveller ['trævələ]	Reisende(r)	
	(to) **travel** ['trævl]	reisen	We always **travel** to Spain in June.
	part [pɑːt]	Teil	
	(to) **be called** [kɔːld]	heißen, genannt werden	Asterix has a very big friend. He**'s called** Obelix. (= His name is Obelix.)
	over 400 years ['əʊvə]	über 400 Jahre; mehr als 400 Jahre	
	museum [mju'ziːəm]	Museum	
	money ['mʌni]	Geld	
	child [tʃaɪld], *pl* **children** ['tʃɪldrən]	Kind	! one **child** – two, three, four **children**
	ticket ['tɪkɪt]	Eintrittskarte	
	pound (£) [paʊnd]	Pfund *(britische Währung)*	

British money – pounds and pence

You say:	You write:		
fifty p [piː] / **fifty pence** [pens]	**50p**	**How much is** the camera?	**Was kostet** die Kamera?
one pound / a pound	**£1**	**How much are** the DVDs?	**Was kosten** die DVDs?
five pounds	**£5**	The camera **is** £165.	Die Kamera **kostet** …
two pounds fifty	**£2.50**	The DVDs **are** £12.95.	Die DVDs **kosten** …

(to) **imagine** sth. [ɪ'mædʒɪn]	sich etwas vorstellen	**Imagine** you're Silky and tell your partner about Plymouth Sound.
life [laɪf], *pl* **lives** [laɪvz]	Leben	*English:* **Life** in Plymouth is fun. *German:* **Das Leben** in Plymouth …
in 1580	im Jahr 1580	

The captain's ghost

p. 72 **sound** [saʊnd]	Geräusch; Klang	
attic ['ætɪk]	Dachboden	*English:* **in the attic** *German:* **auf dem Dachboden**
boring ['bɔːrɪŋ]	langweilig	
mouth [maʊθ]	Mund; Maul	
diary ['daɪəri], *pl* **diaries**	Tagebuch; Kalender	

address [ə'dres]	Adresse, Anschrift	What's your **address**? – 14 New Street. *English:* **address** – *German:* **Adresse**
sick [sɪk]	krank	
(to) **hope** [həʊp]	hoffen	I **hope** you like my school uniform.
bottle ['bɒtl]	Flasche	
(to) **smell** [smel]	riechen	Can you **smell** the cake? It **smells** great!
Me too.	Ich auch.	*English:* I'm from Plymouth. – **Me too**. *German:* Ich bin aus Plymouth. – **Ich auch**.
out of … ['aʊt‿əv]	aus … (heraus/hinaus)	 **into** the house ◄► **out of** the house
(to) **call** [kɔːl]	rufen; anrufen; nennen	Please **call** your dog. It's in our garden. Can you **call** me at 6? Here's my phone number. Her name is Jessica, but we **call** her Jess.
moon [muːn]	Mond	
(to) **walk** [wɔːk]	(zu Fuß) gehen	
along the street/the river/… [ə'lɒŋ]	die Straße/den Fluss/… entlang	*English:* Go **along the street**. *German:* Geh **die Straße entlang**.

Oh, it's you.	Ach, du bist es.	
(to) **bark** [bɑːk]	bellen	
step [step]	Schritt	
voice [vɔɪs]	Stimme	
p. 73 **thief** [θiːf], *pl* **thieves** [θiːvz]	Dieb/in	
hand [hænd]	Hand	
(to) **fight** [faɪt]	kämpfen	
coin [kɔɪn]	Münze	some **coins**
(to) **taste** [teɪst]	schmecken	This soup smells nice, but it **tastes** funny.
end [end]	Ende, Schluss	
dream [driːm]	Traum	
perfect ['pɜːfɪkt]	perfekt, ideal	! Betonung: **perfect** ['pɜːfɪkt]

(to) **understand** [ˌʌndəˈstænd]	verstehen	Can you speak English, please? I don't **understand** German.

Unit 4 Weekends

pp. 80/81	**garage** [ˈgærɑːʒ], [ˈgærɪdʒ]	Garage	
	invitation (to) [ˌɪnvɪˈteɪʃn]	Einladung (zu, nach)	
	box [bɒks]	Kasten, Kiste, Kästchen	
	life jacket [ˈlaɪf dʒækɪt]	Schwimmweste	a **life jacket** 
	magazine [ˌmægəˈziːn]	Zeitschrift	
	mobile phone [ˌməʊbaɪl ˈfəʊn] (*kurz auch:* **mobile**)	Mobiltelefon, Handy	! **„Handy"** klingt zwar englisch, ist es aber nicht. Auf Englisch heißt es immer **mobile** oder **mobile phone**.
	note [nəʊt]	Notiz, Mitteilung	
	sand [sænd]	Sand	
	shorts *(pl)* [ʃɔːts]	Shorts, kurze Hose	
	plan [plæn]	Plan	
	match [mætʃ]	Spiel, Wettkampf, Match	
	(to) **break** [breɪk]	zerbrechen, kaputt machen; brechen, kaputt gehen	Don't play football here. You don't want to **break** a window!
	island [ˈaɪlənd]	Insel	

(to) **stay** [steɪ]	bleiben	Can we **stay** at home? Can I **stay** in bed?
together [tə'geðə]	zusammen	We always have breakfast **together** on Sunday mornings.
cinema ['sɪnəmə]	Kino	
lake [leɪk]	(Binnen-)See	! the **lake** – der See • the **sea** – das Meer, die See
grandparents ['grænpeərənts]	Großeltern	
parents ['peərənts]	Eltern	
shopping mall ['ʃɒpɪŋ mɔːl] (*kurz auch:* **mall**)	*(großes)* Einkaufszentrum	
zoo [zuː]	Zoo	! Aussprache: **zoo** [zuː] – Der Anfangslaut ist wie im deutschen Namen „Susie".
(to) **go shopping** ['ʃɒpɪŋ]	einkaufen gehen	On Saturday mornings I **go shopping** with Mum.

Part A

p. 82 (we/you/they) **were** [wɜː], [wə]	*Vergangenheitsform von „be"*	
(I/he/she/it) **was** [wɒz], [wəz]	*Vergangenheitsform von „be"*	

yesterday ['jestədeɪ], ['jestədi]	gestern	**Yesterday** I was late for school. My teacher wasn't happy.
today [tə'deɪ]	heute	
last weekend/Friday/... [lɑːst]	letztes Wochenende / letzten Freitag / ...	**last** weekend – **this** weekend – **next** weekend
I'm **sorry about ...**	Es tut mir leid wegen ...	I'm **sorry about** your grandpa. He was a very nice man.
(to) **be busy** ['bɪzi]	beschäftigt sein; viel zu tun haben	I can't help you. **I'm busy**.
fantastic [fæn'tæstɪk]	fantastisch	
actor ['æktə]	Schauspieler/in	
exciting [ɪk'saɪtɪŋ]	aufregend, spannend	**exciting ◄► boring**
Guess what, Dad ...	Stell dir vor, Dad ... / Weißt du was, Dad ...	
still [stɪl]	(immer) noch	My sister is seven, and she **still** can't read.
when [wen]	wenn	Can we play cards **when** you come home?
summer ['sʌmə]	Sommer	
chain [tʃeɪn]	Kette	a **chain** 

p. 83	**Was it fun?**	Hat es Spaß gemacht?	! Swimming **is fun**. — Schwimmen **macht Spaß**. That joke **was funny**. — Der Witz **war lustig**.
	warm [wɔːm]	warm	 **cold** **warm** **too hot**

Part B

pp. 84/85	**against** [ə'genst]	gegen	Sam's team played **against** Devonport.
	final ['faɪnl]	Finale, Endspiel	! Betonung: **final** ['faɪnl]
	excited [ɪk'saɪtɪd]	aufgeregt, gespannt	! Sam was **excited** about the final. — **aufgeregt** It was an **exciting** day for Sam. — **aufregend**
	on the way to … [weɪ]	auf dem Weg zu/nach …	
	went [went]	*Vergangenheitsform von „go"*	Yesterday we **went** to Devonport.
	(to) go **by minibus** [baɪ 'mɪnibʌs]	mit dem Kleinbus fahren	 We went **by minibus** **by bus** **by car**.

came [keɪm]	*Vergangenheitsform von „come“*	Uncle Amar **came** to dinner again last night.
had [hæd]	*Vergangenheitsform von „have“*	Yesterday we **had** breakfast at 6 o'clock.
half, *pl* **halves** [hɑːf], [hɑːvz]	Halbzeit	
(to) **score** [skɔː]	einen Treffer erzielen, ein Tor schießen	
point [pɔɪnt]	Punkt	Three **points** for the right answer!
That helped us **a lot**. [ə 'lɒt]	Das hat uns sehr geholfen.	He likes her **a lot**.
won [wʌn]	*Vergangenheitsform von „win“*	Sam and his friends **won** the match last Saturday.
up and down [ˌʌp‿ən 'daʊn]	auf und ab; rauf und runter	
up [ʌp]	hinauf, herauf; (nach) oben	
when [wen]	als	

when

1. **When**'s your birthday? — **wann**
2. Call me **when** you're back, please. — **wenn**
3. He called me **when** he was back. — **als**

(to) **arrive** [ə'raɪv]	ankommen, eintreffen	The bus **arrived** at 6:20 pm.
saw [sɔː]	*Vergangenheitsform von „see“*	I **saw** John yesterday. He looked sick.
better ['betə]	besser	Devonport was good, but Plymstock was **better**.
p. 86 **past** [pɑːst]	Vergangenheit	

around the library/ the beach [ə'raʊnd]	in der Bücherei / auf dem Strand umher	We walked **around** the town for two hours and saw lots of nice things.
between [bɪ'twiːn]	zwischen	 **between** the rabbits
p. 87 **visit** ['vɪzɪt]	Besuch	

Part C

p. 88 (to) **miss** [mɪs]	verpassen	Sorry I'm late – I **missed** the bus.
ride [raɪd]	Fahrt	

Unregelmäßige Vergangenheitsformen (Irregular simple past forms)

(to) **do**	**did** [dɪd]	tun, machen	(to) **ride** a bike	**rode** a bike [rəʊd]	Rad fahren
(to) **eat**	**ate** [et], [eɪt]	essen	(to) **run**	**ran** [ræn]	laufen, rennen
(to) **fall** asleep	**fell** asleep [fel]	einschlafen	(to) **sing**	**sang** [sæŋ]	singen
(to) **forget**	**forgot** [fə'gɒt]	vergessen	(to) **write**	**wrote** [rəʊt]	schreiben

➔ *List of irregular verbs,* pp. 82–84

over to … ['əʊvə]	hinüber zu/nach …	
picnic ['pɪknɪk]	Picknick	
Sam **didn't run**. ['dɪdnt]	Sam rannte nicht.	he **ran/watched** ◄► he **didn't run / didn't watch**

(to) **sit down** [ˌsɪt ˈdaʊn], *simple past:* **sat down** [sæt]	sich hinsetzen	After the football match, the players **sat down** and had something to drink.
far [fɑː]	weit (entfernt)	
all right [ɔːl ˈraɪt]	okay; in Ordnung	
problem [ˈprɒbləm]	Problem	! Betonung: **problem** [ˈprɒbləm]
high [haɪ]	hoch	
sights *(pl)* [saɪts]	Sehenswürdigkeiten	
those … [ðəʊz]	die … dort; jene …	*Singular:* **that book** – *Plural:* **those books**

this, that – these, those

- Wenn etwas näher beim Sprecher ist, verwendet man eher **this** und **these**.
- Wenn etwas weiter entfernt ist, verwendet man eher **that** und **those**.

(to) **make a wish** [wɪʃ]	sich etwas wünschen	
the **missing** words [ˈmɪsɪŋ]	die fehlenden Wörter	
early [ˈɜːli]	früh	I have to get up very **early** on school days. **early** ◄► **late**

Unregelmäßige Vergangenheitsformen (Irregular simple past forms)

(to) **feed**	**fed** [fed]	füttern	(to) **say**	**said** [sed]	sagen
(to) **hear**	**heard** [hɜːd]	hören	(to) **swim**	**swam** [swæm]	schwimmen
(to) **make**	**made** [meɪd]	machen; herstellen	(to) **take**	**took** [tʊk]	nehmen; bringen
(to) **meet**	**met** [met]	(sich) treffen	(to) **think**	**thought** [θɔːt]	denken, glauben

→ *List of irregular verbs*, pp. 82 – 84

p. 89	(to) **use** [juːz]	benutzen, verwenden	Can I **use** your mobile, please?
	true [truː]	wahr	
p. 90	(to) **save** [seɪv]	retten	
	hurt [hɜːt]	verletzt	
	county ['kaʊnti]	Grafschaft *(in Großbritannien)*	

Part D

p. 92	(to) **smile** [smaɪl]	lächeln	
	(to) **bite** [baɪt], *simple past:* **bit** [bɪt]	beißen	Don't feed the horses – they **bite**.
	just [dʒʌst]	(einfach) nur, bloß	Don't **just** sit there. Come and help me.
	We **couldn't** go back. ['kʊdnt]	Wir konnten nicht zurückgehen.	We **could** hear the dog, but we **couldn't** see it.
	bell [bel]	Klingel, Glocke	

	(to) **weigh** [weɪ]	wiegen	How much do you **weigh**?
	kilogram ['kɪləgræm], **kilo** ['kiːləʊ] **(kg)**	Kilogramm, Kilo	
	spot [spɒt]	Fleck, Punkt	There's a **spot** on your T-shirt. – I know. It's chocolate.
	hard [hɑːd]	schwer, schwierig; hart	This exercise isn't **hard**. You can do it. It's **hard** work to learn a language.
	(to) **leave** [liːv], *simple past:* **left** [left]	verlassen; zurücklassen	Dad **leaves** the house at 8 am and starts work at 9. Don't **leave** your dog in the car when you go shopping.
	kilometre ['kɪləmiːtə], [kɪ'lɒmɪtə] **(km)**	Kilometer	*English:* **kilometre** *German:* **Kilometer**
	(to) **practise** ['præktɪs]	üben, trainieren	
p. 94	**holidays** *(pl)* ['hɒlədeɪz]	Ferien	
p. 95	**many** ['meni]	viele	

much („viel") – many („viele")

viel **How much** tea do we need? – We don't need **much** tea, but we need **lots of** milk.
Wie viel Tee …? – … nicht **viel** Tee … **viel** Milch

viele **How many** scones do we need? – We don't need **many** scones, but we need **lots of** sandwiches.
Wie viele Scones …? – … nicht **viele** Scones … **viele** Sandwiches

orange ['ɒrɪndʒ]	Orange, Apfelsine	
worm [wɜːm]	Wurm	
p. 96 **news** *(no pl)* [njuːz]	Nachrichten	! Das englische Wort **news** ist Singular: *English:* **That's good news.** *German:* **Das sind gute Nachrichten.**
paragraph ['pærəgrɑːf]	Absatz *(in einem Text)*	! Betonung: **paragraph** ['pærəgrɑːf]
title ['taɪtl]	Titel, Überschrift	
drawing ['drɔːɪŋ]	Zeichnung	
caption ['kæpʃn]	Bildunterschrift	
order ['ɔːdə]	Reihenfolge	
(to) **think of** sth.	sich etwas ausdenken; an etwas denken	Read the story and **think of** a good title. I often **think of** our holidays in France last summer.
another [ə'nʌðə]	ein(e) andere(r, s); noch ein(e)	I don't like red. Can I use **another** colour? (= a different colour) Can I have **another** biscuit? They're yummy.
(to) **arrange** [ə'reɪndʒ]	anordnen	
What is the story about?	Wovon handelt die Geschichte? / Worum geht es in der Geschichte?	
(to) **go with** sth.	zu etwas passen; zu etwas gehören	Lot's of people say brown doesn't **go with** blue. The first text **goes with** the third picture.

p. 97	(to) **buy** [baɪ], *simple past:* **bought** [bɔːt]	kaufen	(to) **buy** ◄► (to) **sell**
	enough [ɪ'nʌf]	genug	

A baby seal

p. 98	**bright** [braɪt]	strahlend, leuchtend, hell	**bright** ◄► **dark**
	eye [aɪ]	Auge	
	(to) **move** [muːv]	bewegen; sich bewegen	
	over ['əʊvə]	über	She has a poster of a pop group **over** her desk. Can you jump **over** your chair?
	(to) **be** hungry ['hʌŋgri]	hungrig sein, Hunger haben	
	(to) **push** [pʊʃ]	drücken, schieben, stoßen	
	head [hed]	Kopf	

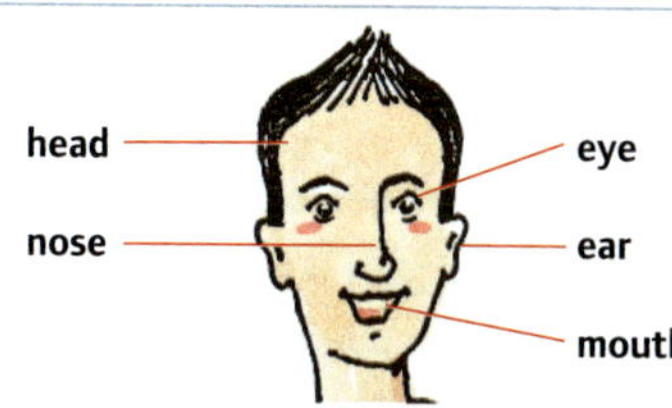

	body ['bɒdi]	Körper	

Unregelmäßige Vergangenheitsformen (Irregular simple past forms)

(to) **drink**	**drank** [dræŋk]	trinken	(to) **sit**	**sat** [sæt]	sitzen; sich setzen
(to) **find**	**found** [faʊnd]	finden	(to) **throw**	**threw** [θruː]	werfen
(to) **put**	**put** [pʊt]	legen, stellen, *(wohin)* tun	(to) **wake up**	**woke up** [wəʊk]	aufwachen

➜ *List of irregular verbs*, pp. 82–84

sun [sʌn]	Sonne	
(to) **go down** [ˌgəʊ ˈdaʊn]	untergehen *(Sonne)*	
(to) **steer** [stɪə]	steuern, lenken	
only [ˈəʊnli]	erst	My sister can't read – she's **only** four.
someone **is right**	jemand hat Recht	Jonathan says Aberdeen is in England. I think he**'s right**. – No, he**'s wrong**. Aberdeen is in Scotland!
someone **is wrong**	jemand irrt sich; jemand hat Unrecht	*English:* **You're right/wrong.** *German:* **Du hast Recht/Unrecht.**
front [frʌnt]	Vorderseite	
Did you get it? *(infml)*	Hast du es verstanden? / Hast du es mitbekommen?	
p. 99 **slow** [sləʊ]	langsam	
(to) **hit** sth. [hɪt], *simple past:* **hit**	gegen etwas prallen, stoßen	John is hurt – his car **hit** a bus in Dean Street this morning.

(to) **pull** [pʊl]	ziehen	 (to) **push** ◄► (to) **pull**
careful ['keəfl]	vorsichtig	Be **careful** – seals can bite.
(to) **be cold**	frieren	*English:* **I'm cold.** *German:* **Mir ist kalt. / Ich friere.**
(to) **die** [daɪ]	sterben	
cage [keɪdʒ]	Käfig	
poor [pɔː], [pʊə]	arm	
(to) **get** [get], *simple past:* **got** [gɒt]	bekommen	**get,** *simple past:* **got** Did you **get** nice presents? – bekommen Mum **gets** angry when I'm late. – werden I always **get up** at 7 o'clock. – aufstehen
before [bɪ'fɔː]	bevor	Do your homework **before** you go out.
soft [sɒft]	weich	
silky ['sɪlki]	seidig	I love to touch my dog's ears – they are so **silky**.

Unit 5 By the sea

p. 102	**by** the sea [baɪ]	am Meer	
p. 103	(to) **feel** [fiːl], *simple past:* **felt** [felt]	fühlen; sich fühlen	Take my hand. Can you **feel** how cold it is? I always **feel** happy when I'm by the sea.
	face [feɪs]	Gesicht	
	(to) **look for** sth. ['lʊk fɔː]	etwas suchen	

Unregelmäßige Vergangenheitsformen (Irregular simple past forms)

(to) **break**	**broke** [brəʊk]	(zer)brechen	(to) **send**	**sent** [sent]	schicken, senden
(to) **catch**	**caught** [kɔːt]	fangen	(to) **sleep**	**slept** [slept]	schlafen
(to) **fight**	**fought** [fɔːt]	kämpfen	(to) **understand**	**understood** [ˌʌndə'stʊd]	verstehen
(to) **grow**	**grew** [gruː]	anbauen, anpflanzen			
(to) **read**	**read** [red]	lesen	(to) **wear**	**wore** [wɔː]	tragen *(Kleidung)*

➜ *List of irregular verbs,* pp. 82 – 84

Part A

p. 104	**trip** [trɪp]	Ausflug; Reise	
	ferry ['feri]	Fähre	
	(to) run **after** sb. [ˌrʌn_'ɑːftə]	hinter jm. herrennen	"Come back," he shouted when he ran **after** his dog.

	fast [fɑːst]	schnell	 fast ◄► slow
	at the moment ['məʊmənt]	gerade, im Moment	! Betonung: **<u>mo</u>ment** ['məʊmənt]
	a kind of … [kaɪnd]	eine Art (von) …	I like all **kinds of** music, but I never listen to jazz.
	rucksack ['rʌksæk]	Rucksack	
	(to) **be over** ['əʊvə]	vorbei sein, zu Ende sein	They looked sad. The holidays **were over**.
	(to) **laugh** [lɑːf]	lachen	
	almost ['ɔːlməʊst]	fast, beinahe	It's **almost** six. 
	(It's) my turn. [tɜːn]	Ich bin dran / an der Reihe.	I'm finished. Now it's **your turn**.
p. 106	(to) **smell** sth. [smel]	an etwas riechen	Look, the dog is **smelling** the school bag. 

Part B

p. 108	**talk** [tɔːk]	Vortrag, Referat, Rede	*English:* (to) **give a talk (about)** *German:* **einen Vortrag/eine Rede halten (über)**
	sleepover ['sliːpəʊvə]	Schlafparty	

	bad [bæd]	schlecht, schlimm	**good** ◀▶ **bad**
	shark [ʃɑːk]	Hai	
	at last [ət 'lɑːst]	endlich, schließlich	We waited for a long time. **At last**, the bus arrived.
	blond (*bei Frauen oft:* **blonde)** [blɒnd]	blond	
	(to) **take photos**	fotografieren, Fotos machen	
	first [fɜːst]	zuerst, als Erstes	You can watch TV later, but do your homework **first**.
	interesting ['ɪntrəstɪŋ]	interessant	
p. 109	**line** [laɪn]	Zeile	! Abkürzungen: **l.** 15 = **line** 15 (Zeile 15) **ll.** 15–18 = **lines** 15–18 (Zeilen 15–18)
	the UK [ˌjuː 'keɪ] **(the United Kingdom** [juˌnaɪtɪd 'kɪŋdəm]**)**	das Vereinigte Königreich	**the UK** = **Great Britain** (England, Scotland, Wales) and **Northern Ireland** *(Nordirland)*
	the biggest … ['bɪgɪst]	der/die/das größte …	
	coast [kəʊst]	Küste	
	planet ['plænɪt]	Planet	! Betonung: **planet** ['plænɪt]
	ocean ['əʊʃn]	Ozean	
	centre ['sentə]	Zentrum; Mitte	

snack [snæk]	Snack, Imbiss	
price [praɪs]	(Kauf-)Preis	
p. 110 **important** [ɪm'pɔːtnt]	wichtig	
p. 111 **sign** [saɪn]	Schild; Zeichen	The **sign** says it's only ten minutes to the zoo.
the same as …	der-/die-/dasselbe wie …	English is not **the same as** Scottish.

Part C

p. 112

Unregelmäßige Vergangenheitsformen (Irregular simple past forms)

(to) **choose**	**chose** [tʃəʊz]	aussuchen, auswählen	(to) **sell**	**sold** [səʊld]	verkaufen
(to) **give**	**gave** [geɪv]	geben	(to) **speak**	**spoke** [spəʊk]	sprechen
(to) **know**	**knew** [njuː]	wissen; kennen	(to) **tell**	**told** [təʊld]	erzählen, berichten

➜ *List of irregular verbs*, pp. 82–84

not … yet [jet]	noch nicht	Are you ready? – No, I'm **not** ready **yet**. I can't find my mobile. (*oder kurz:* No, **not yet**. I can't find my mobile.)
(to) **agree with** sb. [ə'griː]	jm. zustimmen	*English:* I **agree with you**. *German:* Ich **stimme dir zu**.
(to) **agree on** sth.	sich auf etwas einigen	We have to **agree on** a day for our party.

(to) **smuggle** ['smʌgl]	schmuggeln	(to) **smuggle** · **smuggler** (Schmuggler/in) · **smuggling** (der Schmuggel, das Schmuggeln)
village ['vɪlɪdʒ]	Dorf	
(to) **point to** sth. [pɔɪnt]	auf etwas zeigen, deuten	He **pointed to** the clock. "We're late," he said. 
fat [fæt]	dick, fett	
under ['ʌndə]	unter	Where are my shoes? – **Under** your desk. 
(to) **explain** sth. **to** sb. [ɪk'spleɪn]	jm. etwas erklären, erläutern	*English:* Can you **explain** that to me? *German:* Kannst du mir das **erklären**?
clever ['klevə]	klug, schlau	
(to) draw [drɔː], *simple past:* **drew** [druː]	zeichnen	He's **drawing** a picture of his mum. 
(to) **go on** [ˌgəʊ‿'ɒn], *simple past:* **went on**	weiterreden, fortfahren; weitermachen	She stopped in the middle of her sentence, smiled, then **went on**. That's enough for now. Let's **go on** after lunch.
p. 113 **tourist** ['tʊərɪst]	Tourist/in	
century ['sentʃəri]	Jahrhundert	

	lonely ['ləʊnli]	einsam	
	pepper ['pepə]	Pfeffer	
	expensive [ɪk'spensɪv]	teuer	£60 for a T-shirt? That's too **expensive**.
	cheap [tʃiːp]	billig, preiswert	**cheap** ◄► **expensive**
	goods *(pl)* [gʊdz]	Waren, Güter	
	(to) **hide** [haɪd], *simple past:* **hid** [hɪd]	(sich) verstecken	Can you **hide** this box for me? It's a present for my mother. My little sister often **hides** under her bed.
	check [tʃek]	Überprüfung, Kontrolle	
	(to) **check** [tʃek]	(über)prüfen, kontrollieren	
	subtitle ['sʌbtaɪtl]	Untertitel	
	author ['ɔːθə]	Autor/in	
p. 114	paper ['peɪpə]	Papier	I need glue and some **paper** for our poster.
	word order ['wɜːd‿ɔːdə]	Wortstellung	
	sub-clause ['sʌbklɔːz]	Nebensatz	
p. 115	(to) **prepare** sth. [prɪ'peə]	etwas vorbereiten	
	character ['kærəktə]	Figur, Person *(in Roman, Film, Theaterstück usw.)*	

	likes and dislikes *(pl)* [dɪs'laɪks]	Vorlieben und Abneigungen	Tell me about your **likes and dislikes**. – Well, I like football and hip hop, but I don't like tennis.
	keyword ['kiːwɜːd]	Schlüsselwort	
	letter ['letə]	Buchstabe	
	through [θruː]	durch	I can't see **through** the window – it's too dark.
	(to) **copy** ['kɒpi]	kopieren, abschreiben	
	phrase [freɪz]	Ausdruck, (Rede-)Wendung	
	easy ['iːzi]	leicht, einfach	Her talk was **easy** to understand.
p. 116	(to) **get off (the bus/boat)** [ˌget‿'ɒf], *simple past:* **got off**	(aus dem Bus/Boot) aussteigen	**Get off the bus** at Green Road. I live in the white house.
	(to) **get** [get], *simple past:* **got**	gelangen, (hin)kommen	Excuse me, how do I **get** to the zoo, please?

The pepper smugglers – a play

p. 118	**play** [pleɪ]	Theaterstück	
	scene [siːn]	Szene	! Aussprache – das "c" wird nicht gesprochen: **scene** [siːn]
	farmer ['fɑːmə]	Bauer/Bäuerin, Landwirt/in	
	rich [rɪtʃ]	reich	**rich** ◄► **poor**

soon [suːn]	bald	It's my birthday **soon**. Can I have a party?
dress [dres]	Kleid	
Good luck! [lʌk]	Viel Glück!	
(to) **hold** [həʊld], *simple past:* **held** [held]	halten	Can you **hold** my bag, please? I can't open the door.
no one ['nəʊ wʌn] (or: **nobody** ['nəʊbədi])	niemand	Everyone remembered my birthday. = **No one** (*or:* **Nobody**) forgot my birthday. **everyone ◄► no one**
light [laɪt]	Licht	It's dark. Can you turn on a **light**, please.
cart [kɑːt]	Karren	
like that	so *(auf diese Weise)*	Don't do it **like that**. Look, do it like I'm doing.
p. 119 **dangerous** ['deɪndʒərəs]	gefährlich	
sword [sɔːd]	Schwert	! Aussprache – das "w" wird nicht gesprochen: **sword** [sɔːd]
Goodbye. [ˌgʊd'baɪ]	Auf Wiedersehen.	

market ['mɑːkɪt]	Markt	
(to) **point** sth. **at** sb. [pɔɪnt]	etwas auf jn. richten	She **pointed** her camera **at** him.
prison ['prɪzn]	Gefängnis	
(to) **fall** [fɔːl], *simple past:* **fell** [fel]	fallen, stürzen; hinfallen	Yesterday my brother **fell** into our swimming pool.
(to) **sneeze** [sniːz]	niesen	

0	**oh, zero, nil** [əʊ, 'zɪərəʊ, nɪl]		
1	**one** [wʌn]	1st	**first** [fɜːst]
2	**two** [tuː]	2nd	**second** ['sekənd]
3	**three** [θriː]	3rd	**third** [θɜːd]
4	**four** [fɔː]	4th	**fourth** [fɔːθ]
5	**five** [faɪv]	5th	**fifth** [fɪfθ]
6	**six** [sɪks]	6th	**sixth** [sɪksθ]
7	**seven** ['sevn]	7th	**seventh** ['sevnθ]
8	**eight** [eɪt]	8th	**eighth** [eɪtθ]
9	**nine** [naɪn]	9th	**ninth** [naɪnθ]
10	**ten** [ten]	10th	**tenth** [tenθ]
11	**eleven** [ɪ'levn]	11th	**eleventh** [ɪ'levnθ]
12	**twelve** [twelv]	12th	**twelfth** [twelfθ]
13	**thirteen** [ˌθɜː'tiːn]	13th	**thirteenth** [ˌθɜː'tiːnθ]
14	**fourteen** [ˌfɔː'tiːn]	14th	**fourteenth** [ˌfɔː'tiːnθ]
15	**fifteen** [ˌfɪf'tiːn]	15th	**fifteenth** [ˌfɪf'tiːnθ]
17	**seventeen** [ˌsevn'tiːn]	17th	**seventeenth** [ˌsevn'tiːnθ]
18	**eighteen** [ˌeɪ'tiːn]	18th	**eighteenth** [ˌeɪ'tiːnθ]
19	**nineteen** [ˌnaɪn'tiːn]	19th	**nineteenth** [ˌnaɪn'tiːnθ]
20	**twenty** ['twenti]	20th	**twentieth** ['twentiəθ]

21	**twenty-one** [ˌtwentiˈwʌn]	21st	**twenty-first** [ˌtwentiˈfɜːst]
22	**twenty-two** [ˌtwentiˈtuː]	22nd	**twenty-second** [ˌtwentiˈsekənd]
23	**twenty-three** [ˌtwentiˈθriː]	23rd	**twenty-third** [ˌtwentiˈθɜːd]
...		...	

30	**thirty** [ˈθɜːti]	30th	**thirtieth** [ˈθɜːtiəθ]
40	**forty** [ˈfɔːti]	40th	**fortieth** [ˈfɔːtiəθ]
50	**fifty** [ˈfɪfti]	50th	**fiftieth** [ˈfɪftiəθ]
60	**sixty** [ˈsɪksti]	60th	**sixtieth** [ˈsɪkstiəθ]
70	**seventy** [ˈsevnti]	70th	**seventieth** [ˈsevntiəθ]
80	**eighty** [ˈeɪti]	80th	**eightieth** [ˈeɪtiəθ]
90	**ninety** [ˈnaɪnti]	90th	**ninetieth** [ˈnaɪntiəθ]
100	**a / one hundred** [əˈhʌndrəd / ˌwʌnˈhʌndrəd]	100th	**hundredth** [ˈhʌndrədθ]

101	**one hundred and one**	101st	**hundred and first**
102	**one hundred and two**	102nd	**hundred and second**
...		...	

infinitive	simple past	
(to) **be**	*I/he/she/it* **was**; *you/we/you/they* **were**	sein
(to) **bite** [aɪ]	**bit** [ɪ]	beißen
(to) **break** [eɪ]	**broke**	brechen; zerbrechen
(to) **buy**	**bought**	kaufen
(to) **catch**	**caught**	fangen
(to) **choose** [uː]	**chose** [əʊ]	aussuchen, (aus)wählen; sich aussuchen
(to) **come**	**came**	kommen
(to) **do**	**did**	tun, machen
(to) **draw**	**drew**	zeichnen
(to) **drink**	**drank**	trinken
(to) **eat**	**ate** [et, eɪt]	essen
(to) **fall**	**fell**	fallen, stürzen; hinfallen
(to) **feed**	**fed**	füttern
(to) **feel**	**felt**	fühlen; sich fühlen
(to) **fight**	**fought**	kämpfen
(to) **find**	**found**	finden
(to) **forget**	**forgot**	vergessen

(to) **get**	**got**	bekommen; werden; gelangen, (hin)kommen
(to) **give**	**gave**	geben
(to) **go**	**went**	gehen
(to) **grow**	**grew**	anbauen, anpflanzen
(to) **have**	**had**	haben
(to) **hear** [ɪə]	**heard** [ɜː]	hören
(to) **hide** [aɪ]	**hid** [ɪ]	verstecken; sich verstecken
(to) **hit** sth.	**hit**	gegen etwas prallen, stoßen
(to) **hold**	**held**	halten
(to) **know** [nəʊ]	**knew** [njuː]	wissen; kennen
(to) **leave** [iː]	**left**	verlassen; zurücklassen
(to) **make**	**made**	machen; herstellen
(to) **meet** [iː]	**met** [e]	treffen; sich treffen; kennenlernen
(to) **put**	**put**	*(etwas wohin)* tun, legen, stellen
(to) **read** [iː]	**read** [e]	lesen
(to) **ride** a bike [aɪ]	**rode** a bike	*(Rad)* fahren
(to) **run**	**ran**	rennen, laufen
(to) **say** [eɪ]	**said** [e]	sagen

infinitive	simple past	
(to) **see**	**saw**	sehen
(to) **sell**	**sold**	verkaufen
(to) **send**	**sent**	schicken, senden
(to) **sing**	**sang**	singen
(to) **sit**	**sat**	sitzen; sich setzen
(to) **sleep**	**slept**	schlafen
(to) **speak** [iː]	**spoke**	sprechen
(to) **swim**	**swam**	schwimmen
(to) **take**	**took**	nehmen, mitnehmen; (weg-, hin)bringen
(to) **tell**	**told**	erzählen, berichten
(to) **think**	**thought**	denken, glauben
(to) **throw**	**threw**	werfen
(to) **understand**	**understood**	verstehen
(to) **wake up**	**woke up**	aufwachen
(to) **wear** [eə]	**wore** [ɔː]	tragen *(Kleidung)*
(to) **win**	**won** [ʌ]	gewinnen
(to) **write**	**wrote**	schreiben

Diese Arbeitsanweisungen findest du häufig im Schülerbuch.

Act out the song.	Spiel das Lied vor.
Add more words to the table.	Füge weitere Wörter zur Tabelle hinzu.
Ask/Answer the questions.	Stelle/Beantworte die Fragen.
Check/Compare with a partner.	Prüfe/Vergleiche mit einem Partner/einer Partnerin.
Choose the correct/right words.	Wähle die richtigen Wörter.
Copy the words from the box.	Schreibe die Wörter aus dem Kästchen ab.
Correct the sentences.	Verbessere/Korrigiere die Sätze.
Find this information.	Finde/Suche diese Informationen.
Finish the table below.	Vervollständige die Tabelle unten.
Get more words from page 44.	Hole zusätzliche Wörter von Seite 44.
Give reasons.	Gib Gründe an.
Give your text to another pair.	Gebt euren Text einem anderen Paar.
Go on with new ideas.	Mach weiter mit neuen Ideen.
Go to page 10.	Gehe zu Seite 10.
Hang the poster up in your classroom.	Hänge das Poster im Klassenzimmer auf.
Hold up the card.	Halte die Karte hoch.
Imagine you're Silky.	Stell dir vor, du bist Silky.
Label your drawing.	Beschrifte deine Zeichnung.
Learn the rhyme.	Lerne den Reim/Vers auswendig.

Leave space for your answers.	Lass Platz für deine Antworten.
Listen to Morph.	Hör Morph zu.
Look at page 10.	Sieh auf Seite 10 nach. / Sieh dir Seite 10 an.
Look at the picture.	Schau dir das Bild an.
Make appointments with three partners.	Verabrede dich mit drei Partner/innen.
Make groups of three.	Bildet Dreiergruppen.
Match the words to the pictures.	Ordne die Wörter den Bildern zu.
Point to the animals.	Zeig auf die Tiere.
Practise the words.	Übe die Wörter.
Put all the verbs in the right place.	Setze alle Verben an der richtigen Stelle ein.
Put the card into your MyBook.	Lege die Karte in dein MyBook.
Put up your hand.	Melde dich.
Read text A.	Lies Text A.
Read the dialogue out loud to your group.	Lies deiner Gruppe den Dialog laut vor.
Rewrite the text.	Schreibe den Text neu.
Sing along with the chorus.	Sing den Refrain mit.
Start a profile for Sam.	Fang ein Profil für Sam an.
Swap cards with another team.	Tauscht Karten mit einem anderen Team.
Take turns.	Wechselt euch ab.
Talk to different partners about the photo.	Rede mit verschiedenen Partner/innen über das Foto.
Talk to your partner like this: …	Rede so mit deinem Partner/deiner Partnerin: …

Think of a sentence.	Denk dir einen Satz aus.
Use these words: …	Verwende diese Wörter: …
Walk around the classroom.	Geh im Klassenzimmer herum.
Write down the letters in the right order.	Schreib die Buchstaben in der richtigen Reihenfolge auf.

Quellen

Titelbild

Trevor Burrows Photography Ltd, Plymouth

Illustrationen

Roland Beier, Berlin (S. 10; S. 13–22; S. 33–34; S. 37; S. 41 oben; S. 43; S. 48; S. 50; S. 52; S. 56–58; S. 60 spring, summer, autumn, winter; S. 62; S. 68–79); **Elke Hanisch**, Köln (S. 12 oben, 2. von oben; S. 35); **Jeongsook Lee**, Heidelberg (S. 12 unten; S. 29; S. 41 frogs; S. 49; S. 53; S. 61; S. 63–64)

Bildquellen

Trevor Burrows Photography Ltd, Plymouth (S. 53); **Clipdealer**.de (S. 11: Feverpitch); **Cornelsen Schulverlage** (S. 41 scone: Stefan Höhne); **iStockphoto**, Calgary (S. 40 oben: alle12; S. 58: annaia; S. 61 minibus: JazzIRT); **Shutterstock.com** (S. 4 clock li. (u. 17): Olga Mishyna, 2. v. li. (u. 17): Jim Barber, 3. v. li. (u. 17): jiawangkun, re. (u. 17): Dan Gerber; S. 8: Monkey Business Images; S. 9: Zurijeta; S. 13: Elnur; S. 21 poster (M): blue67design, girl (M): Vibrant Image Studio; S. 23 trainers: NY Arkady, shoes: sommthink; S. 24 map: Volina, clock: Gemenacom; S. 25: R-O-M-A; S. 26: wongstock; S. 28: Alegria; S. 32: Vjom; S. 36 (u. S. 42 tea): Viktor1; S. 37: Kuricheva Ekaterina; S.39 family tree: NLshop, rings: Oleksandr Koval; S. 40 vegetables: Olga Lyubkina, fruit salad: bonchan, soup: Olinchuk, scones: discpicture; S. 41 chocolate cake: Elena Larina, strawberry cake: Smit, sandwich unten: Chris leachman, sandwich oben: Daniel Etzold; S. 42 bread: Brykaylo Yuriy, cornflakes: Oliver Hoffmann, milk: Texturis, cheese: Evgeny Karandaev, present: Vasilius; S. 45 links: Olga Lyubkina, rechts: viki2win; S. 46: Robert Spriggs; S. 47: amasterphotographer; S. 48: nito; S. 51: SergiyN; S. 57: Gordon Ball LRPS; S. 58 life jacket: annaia; S. 60 chain: Koshevnyk; S. 61 bus: Rob Wilson, car: risteki goce)

English G Access · Band 1
Vokabeltaschenbuch

Im Auftrag des Verlages herausgegeben von
Jörg Rademacher, Mannheim

Erarbeitet von
Uwe Tröger, Hannover

Beratende Mitwirkung
Thomas Neidhardt, Bielefeld

Layout und technische Umsetzung
zweiband.media, Berlin

Umschlaggestaltung
kleiner & bold, Berlin

www.cornelsen.de
www.englishg.de/access

1. Auflage, 4. Druck 2018

Alle Drucke dieser Auflage sind inhaltlich unverändert und können im Unterricht nebeneinander verwendet werden.

Druck: DBM Druckhaus Berlin-Mitte GmbH

ISBN 978-3-06-032249-7

PEFC™
PEFC/04-31-2206

PEFC zertifiziert
Dieses Produkt stammt aus nachhaltig bewirtschafteten Wäldern und kontrollierten Quellen.

www.pefc.de